中国历代大家族

两宋著名家族的
登场与谢幕

从家族命运到历史风云　详解历史真实样貌　丰富细节撼动心灵

▶ 两宋时期是中国历史上经济与文化较为繁荣的时代，然而繁荣的背后，是宋室的积贫积弱和三百年间不断的外患。以往两宋时期留给我们的多少宋词的细腻情愫，但谁又能知道它背后承载的悲壮往事？有时间就有历史，有历史就有传奇。

庞海丽◎编著

郑州大学出版社
郑州

图书在版编目(CIP)数据

两宋著名家族的登场与谢幕/庞海丽编著.—郑州：郑州大学出版社,2016.1

(中国历代大家族)

ISBN 978-7-5645-1767-0

Ⅰ.①两… Ⅱ.①庞… Ⅲ.①家族-史料-中国-宋代 Ⅳ.①K820.9

中国版本图书馆 CIP 数据核字(2014)第 114747 号

郑州大学出版社出版发行	邮政编码:450052
郑州市大学路 40 号	发行部电话:0371-66966070
出版人:张功员	
全国新华书店经销	
辉县市伟业印务有限公司印制	
开本:787 mm×1 092 mm 1/16	
印张:11.5	
字数:165 千字	
版次:2016 年 1 月第 1 版	印次:2016 年 1 月第 1 次印刷
书号:ISBN 978-7-5645-1767-0	定价:29.80 元

本书如有印装质量问题,请向本社调换

内容提要

"汉经学、晋清淡、唐乌龟、宋鼻涕、元迷糊、明邋遢"这些称号多为论史者所谓朝代特色,但"宋鼻涕"这一戏谑称号实则惨痛无比,宋室因积贫积弱,在对付辽、夏、金及后来的蒙古等外患中之无能,而导致一幕幕痛哭流涕的丧权辱土亡国之悲剧。我们已经习惯于宋词的细腻情愫胸中飘荡,但谁又能知道它背后承载的悲壮往事?大江东去浪千叠,三百年,流不尽的英雄血!

目录 Contents

第一章 灵鹿的心音——契丹耶律氏

风雨之子——耶律阿保机 3
可汗之路 3
燔柴告天 8

北鸿南飞——耶律德光 12
偏心的母亲 12
帝靶 17

隔世复仇——耶律阮 19
横渡之约 19
叛父之人 22

西去的骑手——耶律大石 24
卖国者 24
复国者 26

耶律氏的历史名人 29

第二章 丹书铁券——后周柴氏

谋高宋祖——柴荣 33
长乐难当 33
恶鬼骑龙渡淮水 38

天子孤儿——柴崇训 41

陈桥驿 41
　　　回戈东京 44
　柴氏的历史名人 45

第三章　海青鸟的传奇——完颜氏族

金子一般的男人——完颜阿骨打 49
　　　海东青 49
　　　女真人袭击日本 53
　　　海上之盟 54
吞辽灭宋——完颜宗弼 57
　　　搜山检海 57
　　　浴血川陕 59
　　　岳家军 61
小尧舜——完颜雍 66
　　　鸾凤两分离 66
　　　南北讲和 70
着寿衣而战——完颜陈和尚 73
　　　大昌原忠孝军 73
　　　风雪三峰山 77
完颜氏的历史名人 79

第四章　铁马秋风大散关——隆德吴氏

西北望长安——吴玠 83
　　　泾原军 83
　　　和尚原大战 85
　　　血战仙人关 86
古之名将——吴璘 88

垒阵法	88
君臣诀别	90
月中贵人——吴曦	92
叛逆之心	92
杨巨源起事	94
吴氏的历史名人	96

第五章 黑水城的回忆——白高嵬名氏

贺兰傲雪——嵬名元昊	100
甘州铁鹞子	100
青唐唃厮啰	103
攻伐黄天子	105
满腹经纶空自许——嵬名遵顼	110
状元皇帝	110
联敌侵金	112
夏蒙战争最为惨烈的一幕——灵州之战	114
嵬名氏的历史名人	115

第六章 乱世儿女——山东李氏

三朝之敌——李全	119
红袄军起义	119
宋军屠李家	122
蒙古驸马——李璮	126
山东世侯	126
汉臣的末落	131
李氏的历史名人	133

第七章 春风麦秀使人愁——枣阳孟氏

身被血甲——孟宗政	137

枣阳之战	137
忠顺军	140
铁血丹心——孟珙	**141**
破蔡灭金	141
端平之祸	144
孟氏的历史名人	**148**

第八章 沧海横流——顺天张氏

任意后人评说——张弘范	**151**
豪快天纵	151
横槊酾酒	155
崖山勒石	160
谁人评说	163
侧身天地成孤注——张世杰	**165**
高宗御座	165
海上行朝	168
张氏的历史名人	**171**
宋代帝王世系表	**173**
辽帝系年表	**174**
金帝系年表	**175**

第一章 灵鹿的心音——契丹耶律氏

契丹（震旦 Khitan），本是鲜卑后裔，耶津（耶津，读音作 yēlù），源于鲜卑分支宇文部支，出自唐朝末年契丹迭剌部耶津家族，属于以家族名称为氏。因太祖耶津阿保机慕汉代之强盛，曾自改姓为刘氏，且汉代典制出自萧何，因此改皇后之族皆姓萧，即代代辅佐皇族之意。耶津氏在辽、金、宋时期发展到巅峰，元朝以后开始逐渐隐息，耶津氏族人为避祸乱，纷纷转改为其他汉姓。

代表人物：耶律阿保机　耶律大石
对政局影响：耶律阿保机建立了伟大的辽帝国，耶律大石则在中亚建立了强大的西辽帝国
溯本追源：契丹部落
家族兴衰：为金所灭　耶律大石西迁建立西辽
后世遗踪：中亚今有契丹人

◎ 风雨之子——耶律阿保机

可汗之路

契丹，原意为镔铁，是我国北方很古老的少数民族之一，关于契丹族的起源，有一个古老传说：有男子乘白马自湟河（今西拉木伦河）而来，女子乘青牛自土河（今老哈河）而来，二者相遇，结为配偶，生八子。他们的子孙繁衍成为八个部落，逐渐发展成为以后的契丹族。历史上，契丹则是源自东胡支系鲜卑，鲜卑中又有一个宇文部，契丹就是这个宇文部的分支之一。公元344年，由鲜卑慕容部建立的前燕攻破宇文部，契丹遂从鲜卑中分裂出来。

鲜卑

鲜卑是发源于中国东北的一个古老民族，在中国的历史上占有重要地位。鲜卑属东胡系，居于鲜卑山，因此得名。近年来，考古学、历史地理学与民族史研究，认为鲜卑山即大兴安岭山脉。鲜卑部落集团在春秋时期已活动于大兴安岭山脉中部与北部，"鲜卑"作为族名最早出现于秦朝，春秋及春秋以前的族名是"山戎"，战国时期的族名是"东胡"。语言与乌桓相同，属东胡语（古蒙古语）的分支。

在北魏后期，契丹形成了古八部，八部之间互不管辖，也没有什么联系。各部独立地和北魏政府保持着朝贡关系。到了隋朝，由于突厥势力扩张，对各部族征伐不止，契丹各部为防卫突厥，开始互相联系，互相支持，后来形成了初期较为松散的部落联盟。

到了唐初，契丹人中形成了统一的大贺氏联盟，辗转臣服于唐朝和突厥之间。大贺氏联盟的体制是在八部酋长中共同选举一人为首领，或者叫盟主。任期三年，到期改选。

契丹八部

契丹国内分为八个部落，每部都有酋长一名，称为大人，然后各部又公推一位大人为统领，统辖八部，耶律阿保机出身于八部之中首屈一指的强部迭刺部的显贵家族。契丹八部的名称应该是：（1）悉万丹；（2）阿（何）大何；（3）具伏弗；（4）郁羽陵；（5）日连；（6）匹黎尔；（7）叱六手（吐六于）；（8）羽真侯。

契丹首领后来率部归入唐朝，唐太宗授予他象征王权的旗鼓，赐姓李。唐玄宗时期，大贺氏部落联盟瓦解，契丹人又建立了遥辇氏部落联盟，首领开始称可汗，依附于突厥汗国。公元745年，突厥汗国为回纥所灭，此后百年间，契丹人一直为回纥汗国所统治。

回纥

历代史书上的"回纥""回鹘"都是维吾尔族的不同音译。蒙古汗国以后，回鹘译称"畏吾尔"，8世纪改回纥为"回鹘"。蒙古汗国以后，回鹘译称"畏吾尔"、"畏兀儿"。民国24年（1935年），新疆省政府定为"维吾尔"，沿用至今。色楞格河一带曾建立回纥汗国，后改名为回鹘。

在被回纥统治一段时期后，契丹人又趁回纥内乱之机重新归附唐朝。由于唐朝末年的军阀混战，使得北方汉人纷纷逃入契丹地区，躲避战乱。汉人的文化及其他技术对契丹的发展起到了促进作用。而契丹八部中迭刺部又离中原较近，其实力增长远远超过了其他七部。迭刺部的夷离堇（即部落联盟的军事首长）一直由称为耶律氏的家族成员世袭，这个家族掌握了联盟的军权，地位仅次于联盟首领——可汗。

第一章 灵鹿的心音
——契丹耶律氏

耶律阿保机就出自迭剌部耶律家族，生于唐朝咸通十三年（公元872年）。他姓耶律氏，名亿，小名啜里只，字阿保机，这个名字是他母亲所起，是接受光明沐浴的意思。据说他出生时风雨大作，电闪雷鸣，他母亲看见一道耀眼的闪电坠入怀中而有了身孕，生下了耶律阿保机，所以就起了这个名字。

年轻时的阿保机身高9尺，相当现在的一米八多，他宽额窄颊，膂力过人，目光如电，被可汗任命为挞马狨（xuè）沙里（挞马狨沙里，挞马，随从之意；沙里，郎君之意。挞马狨沙里意为亲兵队长）。挞马狨沙里专门负责指挥军队四处征战。这为阿保机树立威信和权威创造了有利条件。

阿保机先后征服了吐谷浑、室韦、乌古等部落，而且向中原的幽州和辽东的女真部落进攻。他率领军队南下越过长城，掠夺河东，俘获汉人95000多，还有无数的牛马牲畜。然后他又出兵讨伐女真，俘其三百户。阿保机还曾领兵7万与沙陀名将李克用在云州（今山西大同）会盟，互换战袍和战马，结为兄弟，约好一同进攻幽州的刘仁恭。在对外战争的过程中，阿保机升为于越（契丹官名，《辽史》称于越为"总知军国事"，其地位仅次于可汗，而在夷离堇之上，握有军、政实权）。

阿保机于征战中得到一些汉族的知识分子，他们当中的代表如韩延徽（后唐节度使刘守光幕僚）、卢文进（后唐庄宗李存勖的骑将）、韩知古（契丹皇后的私奴）、康默记（蓟州俘虏）等帮助阿保机建立了各种制度，更进一步促进了迭剌部的发展。同时，他们还教阿保机如何利用汉人从事农业生产，促进其经济实力的发展。

韩延徽

辽代大臣，字藏明，幽州安次（今河北安次西）人。少有英才，燕帅刘仁恭召为幽都府文学、平州录事参军，又授幽州观察度支使。后为后唐节度使刘守光幕僚，奉命出使契丹，被辽太祖留用，颇受器重，参与筹划军机。他请求建筑城郭，分市里，用来安置降辽的汉人，又为其定配偶，传授垦艺，对辽地开发起了重要作用，也稳定了对所属汉人的统治。太祖初年，为辽确立各项制度，正君臣，定名分，加速辽封建化的进程。天赞四年（公元925年），从征渤海，因功拜左仆射。太宗朝，封鲁国公，仍为政事令。出使后晋归来，改任南京三司使。世宗朝，迁南府宰相，建政事省。

在遥辇氏联盟后期，遥辇氏的最后一个可汗痕德堇，也就是阿保机的上级，平庸无能，治理无方，牛马被饿死，领兵出征经常失利，满足不了贵族们征战掠夺财富的欲望，各部落非常不满。而阿保机相比之下，就要强很多了。于是，朱温灭唐的那一年，阿保机遵照可汗的改选仪式，终于凭借自己的威望取代了遥辇氏，当上了联盟的可汗。

阿保机虽然已经是联盟的可汗，但是，按照部落传统，可汗之位每三年要举行一次改选。阿保机的汉人拥护者为了持久地维护自己的利益，经常对他说，中原的帝王从来不改选，这使阿保机不再愿意遵从部落传统，所以从他就任可汗之日起，阿保机就把目标瞄准了在契丹建立世袭的帝制。

阿保机一心想成为中原式的皇帝。这首先引起了自己家族其他成员的不满，因为按照部落传统，可汗的选举优先在本家族内进行，即可汗之位转入耶律氏后，可汗选举就优先考虑这个家族的成年男性，所以阿保机这样做，其他人便没有机会当选。为了争取这个被选举权，阿保机本家族的亲戚兄弟们便首先起来反对他，由此发生了契丹历史上著名的"诸弟之乱"。

契丹的世选制度

世选制度是契丹遥辇氏时代以来一项悠久的政治传统，世选范围下至小吏，上至可汗。契丹建国后，官吏的世选制在辽朝北面官的选官制度中仍具有举足轻重的地位，可汗的世选制虽已被皇帝制度所取代，但辽朝前期的帝位承袭中还残存着明显的世选制痕迹。太祖至景宗五朝屡屡发生的帝位之争，就是由于皇位继承人不确定的缘故。直到圣宗以后，皇权世袭制才最终确立。

家族兄弟们策划谋反，被阿保机探知消息，阿保机不愿本族内讧，就和他们登山杀牲对天盟誓，希望维系和他们的感情。但这些人并没有领情，与阿保机发生了较大的武装冲突。他们想伺机劫持阿保机去参加他们已经准备好的可汗改选大会。阿保机终于痛下杀手，解决了他们的主谋。经过平叛，阿保机基本消灭了本家族的反对势力，但契丹其它七个部落的反对势力仍旧存在，他们在阿保机南征凯旋的路上设下埋伏，成功劫持了阿保机，威胁阿保机恢复旧的可汗选举制度，强迫他退位。

阿保机见众怒难犯，只好先答应退位，这是以退为进，他胸中已有计谋。他假装失望，对众人抱怨："既然大家都不容我，我在可汗之位九年，统有很多汉人，我想自己专为一部落，建立汉城，可以吗？"众人一听，汉人又不会骑马射箭，没什么用，于是都同意了。到了汉人部落，阿保机命令汉人筑城耕种，充分开发当地的盐铁，经济越来越发达，契丹部落都依赖阿保机提供古代很难得的食盐，阿保机于是采纳了妻子述律平的计策，派人转告诸部落的首领："我经常供给各部落食盐，但大家只知道吃盐方便，却不知感谢盐池的主人，你们应该来犒劳我和部下。"众人觉得很惭愧，便带着牛和酒来了，一起举办宴会。阿保机在酒席布下伏兵，等大家喝得烂醉时，纵火焚烧营帐，将各部落的首领全部杀死，从此一统契丹八部，成为契丹族至高无上的首领，称帝就水到渠成了。

断腕国母述律平

述律平，辽太祖耶律阿保机的皇后，名月理朵，契丹族右大部人。有政治远见，有军事才能，勇敢果断过人。刚刚建国这年，太祖就率军攻党项，后方空虚，室韦部乘机来袭。述律后有先见之明，早已派兵埋伏等候，等他们到了之后，领兵大破室韦人。幽州节度使派韩延徽为使，向契丹求援，韩延徽进见时不肯跪拜，阿保机大怒，就要杀人，皇后一看，马上劝道：韩延徽守节不屈，是个好汉，留着有用。阿保机才召来任命其为参谋，以后成为左膀右臂。后来，太祖想攻打幽州，述律皇后力劝不可；义武节度使王处直通过贿赂，要求太祖出兵攻打晋王，述律皇后又力劝不可。这回太祖没有听她的，举兵南下，结果大败而回。公元926年，太祖死，述律平以皇后身份称制，掌握了军国大权。当时有兆思温等元勋重臣不服管制，为了稳定朝局，她以"亲近臣子应追随侍奉太祖"为由，要沿袭少数民族旧例，命令他们为太祖殉葬。兆思温反驳她："亲近之人莫过于太后，太后为何不以身殉？"只见她脸色漠然，挥起金刀，砍下自己的右手，放在太祖棺内，说道："儿女幼小不可离母，暂不能相从于地下，以手代之。"这样才使辽国皇统顺利得以传继。

燔柴告天

公元907年2月27日，这一天是耶律阿保机称帝的日子，也是历经218年的辽王朝开国的日子。这一天早晨，契丹八部和附近的汉族人，齐聚在位于大兴安岭南段东麓的哈达英格山重峦叠嶂中的谷底缓坡上，他们在祭坛上堆满木柴。吉时一到，点燃木柴，火光冲天。在一片欢呼万岁的声音中，耶律阿保机昂首阔步登上帝位，正式建国，国号契丹，建元神册，耶律阿保机时年35岁。依照汉人幕僚的建议，阿保机称天皇帝，妻子述律氏称地皇后，太子耶律倍为人皇王。后来，契丹的国号有过几次变动：公元947年改成辽，公元983年又改为大契丹，公元1066年改成大辽，此后不再改号，直到公元1125年被金所灭。

辽国皇后在祭祀时戴红帕，穿络缝长袍、络缝乌靴，悬挂玉佩和双同心帕。皇后上衣穿黑、紫、红等各种颜色的直领对襟衫，或者是左衽团衫。衫的前长拂地，后长拖地30厘米左右，衣上双垂红黄带。

第一章 灵鹿的心音
——契丹耶律氏

契丹人本无文字,平日刻木记事。耶律阿保机建国后,在神册五年(公元920年)正月,阿保机依照汉字偏旁,创制契丹大字。九月大字制成,下诏颁行,辽亡后还在中原流传,像歪、甭、孬等契丹文字,至今还融入汉字中使用。耶律阿保机的弟弟迭剌还创制了一种拼音文字,称作契丹小字,对日本文字的形成都有较大的影响。契丹人的饮食习惯对后世影响也很大,比如制作头鱼宴、食生鱼片等烹调方法。契丹人还利用蜂蜜浸渍野果,制成果脯、蜜饯等食品,这是现今"北京果脯"等食品的最早起源。现今大家十分喜爱的消夏水果西瓜,就是耶律阿保机西征时俘获的中亚人带入的品种。契丹人在畜牧业方面做出很大的贡献,如培育出了驴、骡,发明了骟马和管理马匹上用裂耳术、穿鼻术、修蹄术等提高马匹的战斗功能。医疗方面,契丹人发明了放血疗法、热石针砭术等治病的方法。这些方法至今还被传统医学所沿用。此外,契丹人信奉萨满教,崇尚火,人死之后多用火葬,这种丧葬方法至今已被广泛接受。

称帝之后,阿保机继续扩张领土,这时漠北的游牧部落和契丹比起来势力都很小。东边的渤海王国和高丽王国也已经衰落。沙陀的李克用和后梁的朱温长年对立交战。这种形势对阿保机开疆拓土非常有利,阿保机想统一黄河漠北,为此,他首先南下,但两次都以失败而告终。

阿保机极想征服黄河流域,而这时中原的军阀们也想利用强大的契丹铁骑为自己后援,以此为契机,阿保机进兵中原。新州(今河北涿鹿)将领卢文进不满李克用之子李存勖征兵本部,用于进攻朱温,于是举兵投降契丹。阿保机为支援卢文进,就领兵对李存勖发动了第一次战争,和卢文进一起攻打幽州(今北京),最后击败李存勖麾下大将周德威,并将幽州城围攻了将近二百天。后来,李存勖命李嗣源率领大批援兵到达,阿保机围城太久,士气衰竭,被迫撤兵,并让卢文进守住契丹南下的一个重要通道。不久,镇州防御使张文礼杀死上级节度使王镕,又向阿保机求救，一同对付李存勖。阿保机第二次南下中原，攻陷涿州（今河北省保定市最北部）后进兵围困定州，和李存勖在沙河及望都（今河北望都）一带交战，这一次阿保机损失惨重，当时正赶上少见的大雪，下了十来天，地上的雪厚达马胸，契丹骑兵不能发挥作用，并且粮草奇缺，伤亡很大，阿保机只好再次撤兵。契丹人出征都是自己准备粮食和草料，战时让随军的后勤人员四处掠夺供应，称为"打草谷"，一旦中原兵围困他们或者坚守城池，契丹人就很难坚持了。

先智后昏李存勖

李存勖是后唐开国皇帝，军事统帅。出生于晋阳（今山西太原西南），沙陀部人。唐河东晋王李克用之子。善骑射，少时随父出征凯旋，唐昭宗授检校司空、隰州刺史。后梁开平二年（公元908年），袭晋王位。面对后梁、契丹的威胁，他翦除企图篡权的叔父李克宁，继而领兵击退围潞州（今山西长治）之梁军。他采取举贤、减税、安民等措施，治理河东，并把以沙陀部人为骨干的军队，整顿成为一支劲旅。针对当时藩镇割据之势，他先联合成德、义武（治今河北正定、定县）两镇以对抗后梁，待晋力量壮大后，灭大燕，兼并成德、义武两镇。后梁龙德三年（公元923年）四月，在魏州（今河北大名东北）称帝，建后唐，改元同光。后唐同光元年（公元923年）十月，亲率大军奇袭汴州（今河南开封），灭后梁。三年，灭前蜀。后唐统治确立后，他心满志骄，大修宫殿，疑忌将臣，亲信宦官，优宠伶人，日趋腐败。四年，刘皇后密令太子李继岌杀害谋臣郭崇韬，激起魏州等地兵变，李存勖在洛阳，因亲军哗变，中流矢而死。

两次南下中原都损兵折将，无功而回，阿保机认为南朝人才太多，不易轻取，便及时调整了战略方向，改向西北和东北。打算先征服北方的室韦（蒙古人的祖先）等游牧部落，攻下东北靺鞨人建立的渤海国，消除两侧的威胁之后再向南用兵，夺取河东及河北地区。阿保机召开军事大会，部署新的作战计划。然后亲自征讨党项、回鹘等部落，向北到达了乌孤山（今肯特山），还曾抓获回鹘大将，回鹘可汗只得派使臣纳贡谢罪，阿保机的势力最西到达了今阿尔泰山一带，国土面积大大扩展了，契丹成为东亚洲最强大的帝国，声名遐迩，至今俄罗斯人和中亚人都称中国为契丹。

海东盛国渤海

渤海国（公元698年~公元926年），位于朝鲜半岛北部及现今中国东北地区东部、旧日沿海州旧地。由古代民族粟末靺鞨的酋长大祚荣所建立，初名"震国"，因接受唐朝授官并被册封为"渤海郡王"而改号"渤海国"。其民族主体为高句丽遗民的粟末靺鞨族人和高句丽族人，但也有部分黑水靺鞨的部族。渤海国的起源及历史众说纷纭，主要可以分成两派：

中国及俄罗斯的历史学者认为渤海国是一个由靺鞨民族组成的国家，但受到中原及中亚深厚的影响；且由于该国绝大部分领地都在当时及现今的中国境内，且粟末靺鞨也为起源并生活在中国东北地区的民族，因此渤海国历史应当属于中国古代历史的一部分。

朝韩和某些日本的历史学者认为渤海国是由高句丽的遗民所建立，自称高句丽的继承国，而它的国民在亡国后都回到朝鲜半岛，所以它是朝鲜历史的重要组成部分。

阿保机又出兵辽东的渤海国。渤海是东北地区的一个历史悠久的民族政权，自唐朝开始，政治和文化水平都在北方各民族之上，与高丽、日本都有外交往来，素有"海东盛国"之称，但当时已经衰落。阿保机集中全部兵力攻下了渤海国的西部重镇扶余城（今吉林农安），然后又围攻首都忽汗城（今黑龙江宁安东京城），渤海国王率领几百名大臣开城投降。阿保机不久征服渤海全境，得地五千里、人口数十万。阿保机将渤海改为东丹国，意即东契丹国。让皇太子耶律倍任东丹王，管理东丹事务。班师途中，耶律阿保机病逝于扶余城（今吉林农安），时为公元926年7月，终年55岁，谥号升天皇帝，庙号辽太祖。为稳定局势，皇后述律平在耶律阿保机逝世次日即称制摄政。

耶律阿保机的尸体在皇后陪伴下，随车颠簸千里之遥，回到了他的出生地大兴安岭安葬。到达当天，阴云密布，电闪雷鸣，照得大地如同白昼。当时人们蓦然想起，耶律阿保机降生之夜，也是雷电交加、风雨大作。在场的人都争相传传告："我主英雄盖世、功德无伦，真乃天生、天收，壮哉！伟哉！"辽朝末年，金兵纵兵焚烧名陵，其他陵墓均遭浩劫，几乎被夷为平地。唯有耶律阿保机陵墓用大石筑成，金兵难以撼动，只能叹气而退。

◎ 北鸿南飞——耶律德光

偏心的母亲

耶律德光，即辽太宗，字德谨，契丹名耶律尧骨，他是耶律阿保机的次子。阿保机的三个儿子则分别是长子耶律倍、次子耶律德光、幼子耶律李胡。耶律倍才华横溢，十分聪明，对汉文化十分精熟——阴阳、音律、医药、针灸、文章、书画无所不通，他的丹青绘画甚至成为后世的珍藏。耶律倍如此汉化，因此母亲述律平不喜欢耶律倍，觉得这个儿子不像契丹人，不够勇悍。次子耶律德光勇武出众，而且迎娶了述律平的侄女，很得母亲的欢心。

最小的儿子耶律李胡性格暴虐，喜欢活剥人皮或者烧死囚犯，完全不得人心，不过他最得述律平喜欢，总是力图立他为太子。幸亏阿保机不认可妻子的看法。阿保机曾经观察过儿子们同睡时的姿势，见李胡缩着头躲在两个哥哥后面睡，对述律平说："李胡是几个儿子中最差劲的。"后来又让三个儿子在冰天雪地中外出采薪。次子德光不论干湿，首先弄了一大抱回来；长子欲精选干燥的柴禾捆扎好才返回；而李胡最后返回，他怕冷又怕苦，胡乱捡了一些，一路上还丢掉了大半。阿保机再次对李胡大失所望，对述律平说："大儿巧，二儿诚，小儿子则连谈都不必谈了。"阿保机于是就将耶律倍立为太子。述律平就采取折中方案，在继位问题上支持次子耶律德光，以期耶律德光死后由李胡继位，总之，就是要阻止长子耶律倍成为契丹皇帝。

耶律李胡

辽朝大臣。一字洪古，字奚隐。太祖第三子。"少勇悍多力而性残酷"（《辽史》）。为母述律后笃爱。天显五年（公元930年）立为皇太弟兼天下兵马大元帅。太宗死，在应天后支持下与世宗兴兵争位，因屋质调停而罢。不久被徙祖州（内蒙古巴林左旗西南）软禁。应历三年以其子喜隐谋反被逮，死狱中。

耶律阿保机病死在征讨渤海国的归程中，述律平马上赶回宫帐选立新帝，此时述律平掌握大权，大臣们于是一致赞成耶律德光继位。

耶律德光明白自己得以继位的原因，不久便遵从母亲的意旨，将弟弟李胡立为皇太弟，作为皇位的继承人，继位后又花了大量的精力来打击他的哥哥耶律倍：他召回耶律倍，随即着手削弱耶律倍直辖的领地渤海国，将渤海国大量的居民迁移到其他地方，然后将其政治中心城池毁坏，昔日的"海东盛国"渤海化为一片废墟。

耶律德光又假装抚慰耶律倍，表面非常诚恳，目的在于稳定耶律倍的情绪。耶律德光又抓住时机把耶律倍的部下召进宫里设宴拉拢，以分化耶律倍的力量。耶律倍在弟弟和母亲的逼迫下，不肯做出反击，就乘船出海，投奔了后唐。耶律德光和述律平终于除去了心头大患，从此得以放心统治契丹。

成功逼走政敌之后，耶律德光开始继续向南用兵，力图继承父亲的遗志，征服中原。但中原军阀的军事实力强大，契丹人的野心始终不能得逞。著名的沙陀军队战斗力很强，是职业化的精兵，契丹的骑兵实际上是兵民合一的组织，没有接受过专门的训练，并不强于职业军人，所以在和沙陀军队作战时总是失败。这样，契丹用兵时总是趁中原混战时打着支援一方的旗号参与。于是，耶律德光不得不等待中原引路人的出现，这个人就是石敬瑭。

沙陀部落

沙陀原名处月，为西突厥别部。处月分布在金娑山（今新疆维吾尔自治区博格多山，一说为尼赤金山）南，蒲类海（今新疆东北部巴里坤湖）东，由于驻地有沙碛，且名为沙陀碛（今新疆古尔班通古沙漠），所以对外号称沙陀部。唐代文献将沙陀原来的名称处月，译写成"朱邪"，作为沙陀统治者氏族的姓氏。沙陀人在五代十国时期，先后建立后唐、后晋、后汉三个王朝与北汉国，盛极一时。

后唐节度使石敬瑭和皇帝李从珂的矛盾激化，石敬瑭起兵叛变，并以幽云十六州为条件，向耶律德光求援。耶律德光喜出望外，倾国南下，与石敬瑭合兵灭亡后唐，李从珂自焚而死。

李从珂与传国玉玺

李从珂，镇州（今河北正定）人，五代时期后唐皇帝，本姓王，小字二十三，因此又被叫阿三。后唐明宗李嗣源为将时，曾掳掠其母魏氏，当时李从珂十余岁，被李嗣源改名并收为养子。长大后身形雄伟健壮，又骁勇善战，常随李嗣源南征北讨，颇得其喜爱。

后唐应顺元年（公元934年），闵帝李从厚听信大臣的建议，调动各

第一章 灵鹿的心音
——契丹耶律氏

重要节度使之职,准备削弱藩镇的实力,李从珂恐惧,遂反。李从厚命大军讨伐,眼看凤翔(今陕西凤翔)即将陷落,未料讨伐军将兵骄横,贪图赏赐,李从珂抓住这点诱使讨伐军叛变,反败为胜,不久以摧枯拉朽之势攻入京师洛阳,即帝位。

李嗣源之婿石敬瑭时任重镇河东节度使之职,与李从珂二人当初在李嗣源手下皆以勇力过人著称,彼此存有竞争之心,互相看不顺眼。因此李从珂即位后,对石敬瑭愈发猜忌,而石敬瑭亦有谋反之意。清泰三年(936年),石敬瑭以调镇他处试探,而李从珂果真将石敬瑭改任天平节度使,石敬瑭因此叛变,同时向契丹乞援。石敬瑭与契丹大军得以顺利南下进逼京师洛阳,李从珂无计可施,怀抱传国玉玺(秦玺)自焚而死,传国玉玺从此失传。

石敬瑭受契丹册封为大晋皇帝,认契丹主为父,自称儿皇帝,按约定将幽云十六州献给契丹。幽云十六州被割让以后,中原失去了与北方游牧民族之间的天然和人工防线,契丹铁骑由幽云十六州疾驰而至中原首都。契丹也开始从单纯的游牧民族,转变为游牧与农耕相交杂的民族。在幽云十六州,汉族也和契丹族混居。

尽管石敬瑭卑屈地侍奉契丹,仍常遭到契丹的责备。他对契丹的屈辱行为,又遭到人民的唾弃;一些方镇如成德(今河北正定)的安重荣、河东(今山西太原西南)的刘知远,都准备抢夺帝位。不久石敬瑭就忧郁而死。石敬瑭死后,其侄石重贵即位,史称少帝或出帝。石重贵不再恭敬,在向契丹告知敬瑭死讯时,用对等的书式。这又给耶律德光南下提供了充分的借口。后晋大将赵延寿暗中叛国投敌,告知此时后晋境内因旱灾发生了大饥荒,军民死亡不可胜数。

耶律德光抓住机会,大举南下,此一战长达三年。后晋士兵英勇作战。开运元年(公元944年)和二年,后晋的皇甫遇、慕容彦超、李守贞等将领两次将契丹军打得大败而归,当时契丹国内也发生了灾害，人和牲畜大量死亡，各部落也弥漫着厌战情绪，而且母亲述律平也极力劝说辽太宗罢兵讲和。述律平对耶律德光说："如果汉人做契丹王，行吗？"耶律德光说："不行。"述律平又说："那你为什么非要当汉王呢？"耶律德光说："石氏忘恩负义实在难以容忍。"耶律德光没有听从母亲的劝告，坚持要后晋割让镇州和定州，才肯息兵。虽然一时失利，但耶律德光还是坚持第三年出兵进攻，结果抓住了时机，终于灭掉后晋。

开运三年十月，石重贵任其姑父杜威（即杜重威）为元帅，率军抵御契丹，杜威一心效法石敬瑭，暗中进行勾结，耶律德光答应立杜威为中原皇帝。杜威信以为真，决意投降，引契丹军于十二月十七日（公元947年1月11日）入开封，后晋灭亡，

次年正月，耶律德光用中原皇帝的仪仗进入了后晋都城开封，他站在开封城墙上，看见中原百姓四处奔逃，就穿着中原皇帝的衣服对大家说："我也是人，大家不必惊慌"。在崇元殿他又以此装束接受文武百官的朝贺，把俘虏的石重贵封为负义侯，后来石重贵在北方死于北宋干德二年（公元964年），年五十一。耶律德光随即在开封称帝，改国号为辽，年号"大同"。

在称帝之前，耶律德光又模仿中原皇帝的习惯，三次推让帝位，然后欣然坐上了皇帝宝座。在举行仪式时，汉人穿汉服，契丹人穿他们的民族服装，分列两边，耶律德光则穿汉服。此后，辽朝的官服制度也就以此为标准。在国内，契丹和汉人分别穿本民族的服装。

耶律德光终于实现了多年的愿望。那些汉奸则完全被他利用了，想当中原皇帝的赵延寿充当了和后晋作战的先锋。耶律德光许诺让他做皇帝后，他深信不疑，作战卖力。耶律德光初次发兵，只有赵延寿一路的战果累累。灭了后晋，耶律德光绝口不提当初的诺言，赵延寿则不甘心，竟然提出要耶律德光立自己为太子的荒谬意见，耶律德光笑着答复他，

太子应该由自己的儿子当,他当不合适,将赵延寿大大耍弄了一番。对于另一个叛将杜威,耶律德光也同样许诺让他做皇帝,等杜威投降后,只是让他穿上皇帝穿的赭黄袍到处晃荡而已。

帝耙

　　契丹人的习惯,是作战时没有后勤供应,粮草要靠自己就地解决,所以,契丹兵到一个地方就必然要骚扰百姓,抢夺粮草,开封、洛阳东西两都方圆数百里都成为白地,这使契丹军遭到中原汉人的强烈反抗,纷纷组织义军打击小股契丹兵。除了在中原地区掠夺粮草之外,许多契丹人还在中原地区担任官职,由于不懂治理之道,汉人中的奸猾之徒就充当了他们的走狗,教他们搜刮民财,鱼肉百姓,这更增加了百姓对契丹军的不满,中原地区反抗不断,耶律德光不反省自己的错误,反而慨叹道:"我不知汉人难治如此。"

　　汉人的反抗日趋蔓延而激烈。河东节度使(今山西省太原市南)刘知远势力强大,河东的兵马有五万之众。晋辽交战期间,他守境不出,招募军士,壮大力量。契丹人进入开封时,他派部下以祝贺胜利为名,去开封察看形势,知道耶律德光很不得人心,于是决定不臣服耶律德光。

　　耶律德光看出刘知远的野心,但他此时无力分兵对付河东,中原的军民反抗就够他应付的了。但他知道刘知远是后晋最大的地方势力,因此,耶律德光竭力拉拢他,称刘知远为"儿",还赐了一个木拐让使者带给他,木拐在契丹象征着一种极高的荣誉,使者拿着木拐回去的时候,契丹人见了纷纷让路,就像看到耶律德光一样。实际上,刘知远已经准备即位称帝,进兵开封赶走契丹,他看清了契丹的处境,加上冰雪已经开始融化,契丹人不习惯中原的气候,不会久留,他得以趁势登基称帝。

后汉高祖刘知远

刘知远,太原(今山西省太原市南)人,沙陀人,与石敬瑭一起为后唐明宗手下将领,后帮助石敬瑭在契丹扶持下建立后晋,被任为河东节度使。石重贵继位后,进封为北平王,拜中书令。因他的官位高,功劳大,势力强,为石重贵所猜忌。晋辽交战期间,他守境不出,招募军士,壮大力量。公元947年二月辛未日,他在晋阳称帝,改名为暠,建国号为汉。第二年建年号为"乾祐"。史称后汉。

同年12月,刘知远所宠爱的太子、开封尹刘承训病死。刘知远也悲伤过度而病倒,一直不见恢复。公元948年正月,他自知不行了,召宰相苏逢吉,枢密使杨邠、郭威等进宫,委托他们扶立次子刘承祐即位,又秘密嘱咐他们要赶快除去归附辽国的杜重威。丁卯日,病死于汴京。刘知远死后的庙号为高祖。

开运四年(公元947年)二月,刘知远称帝于太原,对契丹宣战,打出迎石重贵来晋阳的旗帜,受到将士的拥戴。当时中原各地的军民起义不断,刘知远的称帝更加鼓舞了中原反契丹的行动。面对汹涌的人民反抗,耶律德光害怕无法回到契丹老家,于是留下大将守开封后,就匆忙北上了。留守开封的大将见局势无法收拾,特别是听说刘知远从太原发兵南下时,也很害怕,就将后唐明宗李嗣源的儿子李从益强行立为傀儡,自己也北上回到草原。

刘知远称帝后,争取到了后晋文武官吏的支持。他又下诏书慰劳各地自发武装抗辽、保卫乡土的起义军,又不夺民财而取出宫中所有财物赏赐将士,获得了军民的支持。然后趁契丹军北退,契丹统治集团忙于争夺皇位之际,他统帅大军自晋阳出发,一路势如破竹,21天后进入洛阳,又8天后进开封,杀李从益,将开封定为都城,史称后汉。

耶律德光在撤离中原途中染上一种热疾,太医让他远离女色,他却将太医臭骂了一通:"你们都是不学无术,我得了热病,正要女色泄火,怎么能远离女色呢！"终因纵欲无度，走到栾城杀胡林时，口吐鲜血而死，时年45岁，庙号太宗。述律平说："生要见人，死要见尸。"当时正是炎夏，保存尸体谈何容易，部下干脆把皇帝做成了"耙"。"耙"就是北方游牧民族食牛羊肉时吃不完，碰上夏天，牧民就把牛羊的内脏掏空，用盐卤上，就成了不会腐烂的"耙"，相当于中原地区的"腊肉"。汉人因为仇恨耶律德光和契丹人，都恶作剧般地称尸体为"帝耙"。

临死前，耶律德光才醒悟过来，总结了这次出兵的得失，在给他的弟弟李胡的信写道："我夜里常思考治理中原的办法，看来，只有推心置腹、了解军情、抚慰百姓这三件事最重要。"决心并采取措施在较短的时间内改变长期的民族习惯。契丹作为一个落后的游牧民族统治汉族地区，就必须汉化，耶律德光认识到了这一点，但他已经没有机会把他总结的经验教训在实践中贯彻实施了。

◎ 隔世复仇——耶律阮

横渡之约

耶律阮，名兀欲，又称乌欲、鄂约。太祖孙，太宗耶律德光侄，耶律倍长子。原来人皇王耶律倍投奔后唐之后，于公元932年被后唐皇帝李从珂杀害，耶律阮被接回国，被封为永康王。

耶律德光的死使辽的帝位又成了众人争夺的焦点。述律平主持立耶律德光时，就有相当一部分契丹贵族持有异议。述律后严厉惩治了持异议者，有的人甚至被杀，这就在统治集团内部造成了不和甚至仇恨。耶律阮随耶律德光南征中原，所以在耶律德光死时他正在军中，由于太宗死得突然，军营中再没有更合适的人选来统帅三军，在宗室大臣耶律安抟、南院大王耶律吼、北院大王耶律洼等拥戴下，他于公元947年4月戊寅日继位，改年号为"永禄"，他就是辽世宗。

但当时还有两个人与他争位，一是耶律德光的弟弟，太后述律平最疼爱的小儿子李胡，另一个则是耶律德光的长子耶律璟。由于述律平最初立耶律德光的目的就是要让李胡继承皇位，所以耶律阮开始对称帝很犹豫，害怕祖母的责难。

果然，耶律阮私自即位的消息传到述律平那里，述律平大怒，一向专断又溺爱幼子的她当然不会轻易接受这一事实，连忙派儿子耶律李胡领兵南下，想把皇位夺回来。交战中，耶律李胡大败而退，耶律阮领兵追赶，和耶律李胡兵在潢河（今西拉木伦河）的横渡隔河对峙。耶律李胡将支持耶律阮的众将们的家属抓到军前，威胁说："如果还跟随耶律阮，先杀了你们的妻子儿女。"一场血腥的残杀即将在辽朝皇室内部展开，形势异常危急。

关键时刻，出身至戚贵族的耶律屋质挺身而出，来往于双方军中进行调解，终于避免了一次内部残杀。

屋质对述律平说："耶律李胡和耶律阮都是太祖与太后您的子孙，国家并没有落入外人之手，您何必如此固执？我愿意代表太后前往议和。"

耶律屋质

辽皇族，字敌辇。大同元年（公元946年）太宗死后，世宗与皇子李胡争立，引兵相拒于潢河边。他奔走调停，促成和议。天禄五年（公元951年）世宗被杀，他遣人召诸王和侍卫军并力讨平乱事，拥立穆宗。后为北院大王、总山西事，曾引兵救北汉，官至于越。

耶律屋质到达耶律阮的军中，世宗给祖母述律平的回书口气很硬，

第一章　灵鹿的心音
——契丹耶律氏

屋质便劝说道:"这么写信,怎么能化解恩怨呢?臣认为应该尽力和好,这才是最好的结果。"世宗却说:"他们是群乌合之众,怎么能抵挡得了我的千军万马?"屋质一听也不示弱,说:"既然他们不是您的对手,那您又怎么忍心去杀自己的同胞兄弟呢?就算大王您胜了,被太后和李胡扣押的人质岂不是先要送命!还是请您和太后讲和吧。"

于是这般,述律平和耶律阮终于在几天后见面了。但见了面,双方又各不相让,言语激烈,互相指责,没有了讲和的迹象。耶律屋质又从中尽力撮合。

述律平对耶律屋质说:"你要为我主持公道啊!"耶律屋质说:"太后如果能和大王尽释前嫌,那我就替您说话。"太后说:"好,你尽管说。"耶律屋质说:"早先人皇王在世时,为什么要立嗣圣(指太宗耶律德光),不立人皇王?"太后推委道:"改立皇储,是太祖的意思。"耶律屋质又回过头去问耶律阮:"大王为什么擅自即皇帝之位而不先征得尊长的同意呢?"世宗没有正面回答,却说:"我父亲当初本应立为国主而未立,所以他老人家才逃奔了中原。"他的意思是:现在由我来继承正好还了先前的债,理所应当。

耶律屋质见双方毫不相让,便严肃地说:"人皇王舍父母之邦投奔他国,世上有这样做儿子的?大王见了太后,不知道道歉,却只提旧的恩怨!至于太后,您为了自己的私心偏爱,就篡改先帝遗命,妄授神器,还至今不肯承认。您们这样还想讲和?还是赶快交战吧!"说完屋质愤愤地退到一边。

述律平明白耶律屋质撒手不管,实际是偏向耶律阮,自己的军队无法抗衡耶律阮,现在赶紧找台阶下,急得流着泪忏悔说:"先前太祖时就有众兄弟作乱,致使天下遭难,我怎敢因为自家争夺帝位而使国家再遭兵乱!"耶律阮见祖母这样,也动情地说:"我父亲以兄弟内争而失去国主地位,父辈的人没做好,我们晚辈的怎么能不做好呢?"最后双方终于在耶律屋质的调解下讲和了。

述律平仍然不甘心将帝位传给长孙,私下问耶律屋质由谁即位为好,屋质说:"太后如果让永康王即位,则顺乎天意,合乎人心,不必再有什么犹豫了。"站在一旁的耶律李胡一听就恼了:"我还在这儿,兀欲怎么能立呢?!"耶律屋质转身斥责道:"自古以来传位以嫡长为先,不传众弟。过去太宗之立,尽管他文武兼备,人们仍然纷纷非议,何况你暴戾残忍,多有人怨。如今众望所归都愿意拥立永康王,怎么能和他争夺王位呢?"述律平不得不面对现实,她对耶律李胡叹息到:"你听到了吧?如今不是我不想立你,实在是你自作自受!"耶律李胡无奈只好作罢。

就这样,双方订立了有名的横渡之约,承认耶律阮称帝,罢兵同返上京。而皇位终于转到了耶律倍一系中。后来,又转到耶律德光一系一次,然后,第二次转到耶律倍系,从此一直维持不变。

叛父之人

横渡之约后,太后和耶律李胡,他们回到上京后,还想再次发难,为防意外,耶律阮便将他们软禁到了阿保机的祖陵(今昭乌达盟林东镇西南),然后将同党的其它骨干处死。这样彻底解除了后顾之忧。

随后耶律阮对于拥立他即位的功臣们论功行赏,让耶律安搏统帅腹心部,总领宿卫,还赐给奴婢一百口。耶律阮还效仿汉族制度设置了北枢密院,让耶律安搏做北枢密院使,掌管辽的军政大权,成为事实上的宰相。

原来许多拥护他即位的人是因为原来和述律平有矛盾,等耶律阮地位一稳定,这些守旧的贵族们又和耶律阮产生了矛盾。这是因为耶律阮倾慕中原风俗和政治制度，任用很多的汉人担任要职，这引起了旧贵族的不满。

公元948年（天禄二年）正月，拥立他即位的一些贵族以他的妹夫萧翰为首谋反，事情泄露，耶律阮杖责萧翰，流放了其他人。

第二年，萧翰和公主阿不里联络明王耶律安端谋叛，经安端子察割告密，耶律阮将萧翰诛杀，阿不里则在入监狱后死去。察割得到重用。察割暗中也在密谋夺位，虽有臣下几次要耶律阮采取措施，清除察割，耶律阮却说："察割揭发了他的父亲，如此忠于我的人，不会有二心的。"更封察割为燕王，十分宠信。

公元949年（天禄三年）九月，耶律阮想趁后汉内斗之机南征，像辽太宗那样称雄中原。十月，派将领攻下了贝州、邺都等地。第二年，耶律阮亲自领兵乘胜南下，后汉众将互不支援，结果耶律阮长驱直入，攻下了安平（今河北安平）和内邱（今河北内邱）后，大掠而回。

不久，在这年的冬天，后汉枢密使郭威灭掉后汉，在第二年的正月建立了后周。同时，刘崇也在太原称帝建立了北汉。

公元951年（辽天禄四年）9月，耶律阮应北汉皇帝刘崇的请求，召集各部酋长商议出兵攻打后周。酋长们由于连年征战，民力耗损，不愿意南侵。耶律阮强令他们按期率众南下，自己也统率本部人马于9月到达归化州（今内蒙古呼和浩特）的祥古山，晚上驻宿于火神淀。各部酋长也带领人马赶到这里。由于其他部队未到，便驻扎在火神淀。

其间耶律阮喝酒、打人、打猎，众将很是不满。晚上，一直有篡位之心的察割和伟王之子耶律呕里等人发动兵变，将耶律阮杀死于梦乡。耶律阮死时年仅33岁，在位3年。其谥号为天授皇帝，庙号世宗。

◎ 西去的骑手——耶律大石

卖国者

耶律大石，字重德，耶律阿保机八世孙，通契丹文、汉文。辽天庆五年（公元1115年）进士，擢翰林承旨，契丹语翰林称"林牙"，故亦名"大石林牙"。

契丹族在中国北部创建了强大的辽王朝，以铁骑征室韦，灭渤海，长驱中原，降服漠北诸部，开疆"幅员万里"；后又臣西夏、高丽，迫使北宋为兄弟国。它存在二百多年称霸于亚洲东部，影响远及欧洲。辽朝疆域广阔，东濒太平洋，西统额尔齐斯河上游地区，与喀喇汉王朝，高昌回鹘王朝为邻。

可是在二百多年后的公元1114年，当辽王朝属部生女真阿骨打以2500兵起事，却连败其数十万大军，辽王朝在短短的十一年内被彻底推翻。作为皇族的耶律大石，亲身经历了这场巨变，深刻体会到辽王朝灭亡的主要原因，不只是女真人的崛起，而主要是以契丹朝廷为代表的贵族集团的腐败。辽道宗晚年，昏愚至极，用人不能自择，竟令各掷骰子。至于末代天祚帝，其昏庸更超过祖辈，沉溺于声色犬马之中。当阿骨打进攻宁江州时，他仍在京郊射鹿，听到宁江州失陷也毫不介意。至公元1121年女真兵攻克上京，年年丢城失地，而他仍狩猎如常，不恤国政达于极点。

三人可搏虎的生女真

女真又称"女直",其先祖为周秦封东北地区古老的肃慎、挹娄人。辽代把女真分为"熟女真"和"生女真"两部,对他们实行严密的统治。熟女真居住在今辽宁及吉林南部,其人户编入辽之户籍,按户抽丁,首领接受辽官号和信仰;生女真分布在黑龙江、松花江中下游及长白山等地,人户不入辽户籍,只纳贡赋。

生女真异常勇猛,三人可搏猛虎。辽末,生女真完颜部在首领阿骨打率领下,举兵抗辽。公元1115年建立"大金国",迅即由东北进入北方草原灭辽,继而进入黄河流域灭北宋。后来,在公元1234年,为南宋联合蒙古军队所灭。其后,女真人仍活跃于东北地区,明末,除女真号,自称满洲,并建立中国历史上最后一个封建王朝——清朝。

公元1115年,29岁的大石考殿试得中后,先出任处于前线的泰州刺史。当时,辽王朝风雨飘荡,外有金、宋夹击,内有起义暴乱。大石一踏上仕途,就面临严峻的政治局面。

公元1122年,金军大举进攻,天祚帝南走南京,大石等人拥戴耶律淳为帝。此时宋军也乘机攻辽。大石率三万人与宋军对峙于白沟,宋军发来招降书。大石阅毕,撕毁。面对敌我力量对比悬殊的形势,他说:"无多言,有死而已。"他避开与宋军的正面接战,指挥骑兵从西边上游涉渡,两面包抄宋军守桥部队,宋军大败。大石乘胜追击,直至雄州,宋军的进攻以彻底失败而告终。但辽朝的危机并没有解除,耶律淳懦弱无能,唯恐天祚帝再来夺权,忧郁而死,大权转到耶律大石手中。

宋朝见金兵节节胜利,又闻耶律淳死去,再次发兵二十万,当时,大石不过有两万军队,凭卢沟河布防。双方对阵,战于乱石冈,宋军大败,抛弃一切军需之物而逃。

大石刚刚击溃宋军，而金军又至。大石主张去投天祚帝，因为辽朝在西北地区还有相当可观的实力。大石率契丹残军投天祚帝，天祚帝接到他们，责问大石竟敢立耶律淳。大石急忙辩解方使天祚释怀，又任大石为都统。

大石奉命袭击金军，遭到围攻后被俘，军队投降。金军都统宗望，用绳子绑住大石，强迫他带路袭击天祚帝大营，成功并俘获天祚之子秦王等宗室多人，得车万余乘。当时，天祚帝正巧在应州，得以幸免。阿骨打对这件事非常高兴，特下诏奖励大石，赐给他妻子。天祚帝成了孤家寡人，终在公元1125年（辽保大五年）二月，在应州新城（今山西省应县）东30公里被金兵追获，辽朝遂亡。其间大石借机逃离了金营，手下只有二百骑。虽然逃离了金营，但为金军指路夜袭天祚帝成为他一生无法抹去的污点。

复国者

公元1124年七月，耶律大石率部二百骑夜逃，北行三日，过黑水，白鞑靼献给他马400匹、骆驼20峰和许多羊只，力量稍强。大石继续向西北行，到达可敦城。可敦城是辽朝的西北重镇，位于今蒙古国土拉河畔，驻有骑兵2万余人，附近牧马数十万匹，大石在这里得以扩充他的军事实力。

公元1130年，因金朝北伐耶律大石，大石自知金军的厉害，于是以青牛白马祭天，率领部队向西逃亡。大石先至高昌（西州），回鹘王毕勒哥欢迎，大宴三日。大石临行，回鹘王赠马600匹、骆驼100峰、羊3000只，并表示愿送质子为附庸。

大石离开高昌后，北至黠戛斯（今柯尔克孜）族所控制的地区。遭到黠戛斯的袭击，于是转入叶密立（遗址在今新疆维吾尔自治区北部额敏县东南额敏河南岸），筑一城。耶律大石在叶密立得到附近操突厥语诸部族的支持，时统辖的居民已达四万户。

公元 1132 年 2 月 5 日，大石在叶密立城称帝，建年号"延庆"，上汉语尊号"天佑皇帝"。又根据当地人民的习惯叫法，称菊儿汗（亦作葛儿罕，即"大汗"）。哈剌契丹国正式建立，史称"西辽"或"西契丹""后契丹"。哈剌，契丹语，黑之意，即"黑契丹"，黑在这里有位于北方的意思。

大石称帝以后，向四方拓展。公元 1134 年初，应东黑汗王朝大汗之请，西进七河流域都城八剌沙衮，以助其抵御当地游牧民的侵扰。耶律大石将东黑汗王朝变为自己的附庸国。见八剌沙衮土地肥沃，水源充沛。耶律大石即奠都于八剌沙衮，并改地名为虎思斡耳朵。

公元 1134 年三月，作为西辽皇帝的耶律大石，为了实现恢复辽朝大业的夙愿，率领 7 万骑兵东征。东行万余里无所得，牛马大多死亡，不得不勒兵西回。

东征未果，大石又继续西征，进入中亚费尔干纳盆地，大败西黑汗王朝军。当时，塞尔柱突厥帝国是西黑汗王朝的宗主。塞尔柱苏丹桑加尔为了保护附庸西黑汗王朝，公元 1141 年（康国八年）七月，亲率十万人，北渡阿姆河来战。大石向他表达和平之意，桑加尔答复说要大石投降，战争遂不可避免。大石则带领契丹人、突厥人和汉人组成的西辽部队，进军撒马尔罕。1141 年九月九日，两军在撒马尔罕北面的卡特万草原相遇，相距二里许。耶律大石对将士们说："他们阵形混乱，可见他们不懂军事，人数虽多，我们不用惧怕。"即遣萧斡里剌等率 2500 名骑攻其右翼，枢密副使萧剌阿不等率 2500 骑攻其左翼，自率众军从中突击，三军俱进。桑加尔的联军大败，横尸数十里。桑加尔的妻子和左右两翼指挥官均被俘，自己仅以身免。

塞尔柱突厥帝国

突厥人原是我国北方的游牧民族,六世纪中期占领漠北蒙古和中亚,与萨珊波斯接壤,6世纪末突厥分裂为东、西两部。公元630年和659年唐朝先后灭掉东、西突厥,中亚并入唐朝版图。大约也在这时,波斯为阿拉伯所灭,公元751年怛拉斯河战役,唐军战败,从中亚后退。此后在这一带游牧的突厥人逐渐信仰伊斯兰教,此地被称为土耳其斯坦。九世纪中期,阿拉伯帝国分裂,中亚一带先后建立了一些波斯人和突厥人的国家。公元1000年左右,一支塞尔柱突厥人进入呼罗珊。公元1040年塞尔柱的孙子打败另一支突厥人建立的、以阿富汗为中心的伽色尼王朝,公元1055年进入巴格达,迫使哈里发封其为苏丹(有权势的人),建立起塞尔柱帝国。塞尔柱人然后又向小亚细亚进攻,与拜占廷帝国发生冲突。1071年两军在曼西克特大战,拜占廷惨败。不久,塞尔柱帝国势力扩充到地中海东岸。此后几个世纪,小亚细亚宗教伊斯兰化,民族土耳其化。

11世纪末,塞尔柱帝国分裂。其中,在小亚细亚形成罗姆素丹国,在东部12世纪形成花剌子模国。公元1194年花剌子模灭塞尔柱国家。

中亚历史上,卡特万会战是一次著名的战役,它使塞尔柱突厥的势力从此退出阿姆河以北地区,并使西黑汗王朝成为西辽的附庸,耶律大石封原国王之弟为桃花石汗(中国汗),继续统治西喀喇汗朝。西辽又出兵花剌子模,迫使该国归附。1143年(康国十年),耶律大石病逝,享年49岁,在位20年,庙号德宗。西辽在中亚(包括新疆)的统治一直持续了90余年,直至蒙古大军的到来。

◎ 耶律氏的历史名人

耶律氏起源于今内蒙古赤峰地区,早期的契丹族无姓氏,初期常以地名为姓,阿保机建国前后才出现耶律姓和萧姓。其中,耶律姓与今西拉木伦河(潢河)有关,先为部族之名,后为氏族之称。辽代有辽太祖耶律阿保机,复兴辽朝的西辽德宗耶律大石,打败宋太宗的著名辽国将领耶律休哥,女诗人耶律常哥。元代有辽太祖九世孙、著名蒙古汗国大臣耶律楚材。

辽国灭亡后,当时只要姓耶律,不管与辽国皇族疏近,一律会被认作辽国皇族而遭诛杀,耶律氏为避杀身之祸,只好更改姓氏,分散到全国各地。在元明之际,云南契丹后裔又改耶律为阿氏,据说是取自辽太祖阿保机名字的第一个字;后又先后改为莽氏、蒋氏。今天的滇西契丹后裔主要冠以阿、莽、蒋、杨、李、赵、郭、何、茶等姓氏。为了与其他民族相区别,他们以"阿莽蒋""阿莽杨""阿莽李"等相称。

第二章 丹书铁券——后周柴氏

柴氏之先，系出姜姓。据《姓谱》记载：齐文公子高裔孙高柴，为孔子弟子。其孙名举，以父名为姓。柴姓还有另外重要的一支，源自皇帝轩辕氏。最早的柴氏宗谱见于西晋孝武皇帝太康年间，由著作郎柴宏道、中书舍人柴宏膜所撰。据查，少数民族回、满、黎、土家等，也有柴姓者。由此可见，柴氏不仅是一个古老的姓氏，也是一个多源的姓氏。

代表人物：柴荣 柴宗训
对政局影响：周世宗提拔赵匡胤，致使赵匡胤篡位，但颁给柴家丹书铁卷，永世供养。
溯本追源：郭威养子
家族兴衰：与宋同休
后世遗踪：有宋代枢密副使柴禹锡，明代开国功臣柴虎。

◎ 谋高宋祖——柴荣

长乐难当

柴荣，字君贵，后周世宗，又称柴世宗，邢州龙冈（今河北邢台西南）人，出生卑微，他15岁加入军队，24岁拜将，33岁称帝，然而在位仅仅七年便病逝。在位期间，他的英明远识与壮志雄心令人赞叹，史称"五代第一明君"。

柴荣的父亲柴守礼，是后周太祖郭威妻子郭氏的哥哥。柴荣成人之前由于家道中衰，就投奔姑父家生活。郭威见他为人厚道，办事也认真谨慎，加上郭威当时还没有儿子，家境也不太好，就将柴荣收为养子，改名为郭荣，而且让他帮着做些生意，管理家政。柴荣也很能干，精心经营，还和其它的商人一起到南方去贩卖茶叶等物，以贴补家用。柴荣做生意之外还不忘读书练武，最终成为一个文武双全的出众人才。

后周太祖郭威

后周太祖郭威，生于公元904年，951年称帝，至954年病逝，在位四年，年号：广顺、显德。

太祖，邢州（今河北邢台）人。出身于官僚地主家庭，其父郭简曾任刺史，在战乱中被杀，不久，母亲也相继去世。郭威从小依靠姨母韩氏提携抚育。18岁时，应募做军卒，仗着一身勇力，加上学了一些兵法，一步一步爬了上去。郭威即位称帝时，年近五十岁，三十年的军旅生活，给他以丰富的社会知识，常以前代的兴衰作为治理国家的借鉴。

郭威针对前朝弊政，进行了一些改革，刑罚有所轻减，某些苛税被废止，部分官田散给佃户，停止州府南郊进奉，这些措施在一定程度上减轻了对百姓的压迫剥削。郭威在五代确是一位较好的皇帝。他死于公元954年，时年51岁。

唐朝末年，天下大乱，自从朱温弑君之后，天下分崩离析，陷入了藩镇割据的局面。短短五十三年中，权力的更替在走马灯般地进行着，这个时代，是武人角逐的时代。朱温代唐之后，表面上的中央亦不复存在，各方势力没有了任何顾忌，为所欲为，在几十年的战乱、阴谋、流血、厮杀中，历来至高无上、神圣不容侵犯的皇权，变成了只要有兵权、有实力，人人都可以抢夺的东西。

到了后汉时，郭威任枢密使，掌握了朝廷军政大权，柴荣也不再经商，任左监门卫大将军，15岁即上战场，身经百战。等郭威从邺都发兵进军开封时他奉命看守邺都，抵御契丹。不久养父做了后周天子，他也被任命为澶州节度使，又封太原郡侯。柴荣将当地治理得井井有条，在澶州遭洪水袭击后，他又率领军民重修道路，拓宽街道，扩建市区，受到官民的好评。公元951年，郭威称帝，其全家（包括两个儿子）都被政敌杀死，郭威就将希望寄托在唯一的养子身上，于是立柴荣为太子。

公元954年，郭威病死，柴荣即位，时年33岁。改年号显德，史称周世宗。柴荣登基后，终于有了机会实现他以往的抱负。有一次他问华山道士陈抟："我的寿命您知道吗？"陈抟回答道："陛下还有三十年的时间。"柴荣大喜，说："三十年足够了，我以十年开拓天下，十年养百姓，十年致太平。"可惜的是，陈抟算得不准。

陈抟高卧

陈抟为五代宋初著名道教学者。字图南，自号"扶摇子"，赐号"希夷先生"。他继承汉代以来的象数学传统，并把黄老清静无为思想、道教修炼方术和儒家修养、佛教禅观会归一流，对宋代理学有较大影响。后

第二章 丹书铁券音
——后周柴氏

人称其为"陈抟老祖""睡仙"等。

郭威死后,由于柴荣缺乏威望,导致军心不稳。即位当年,世仇北汉刘崇见此良机,马上出兵三万,并联合一万契丹兵前来进犯,也想学石敬瑭勾结契丹灭后唐那样,自己做中原皇帝。后周当时满朝文武一片慌乱,柴荣却平静地决定要御驾亲征,主动出击去迎接敌人。

文武百官一听此言,都说:"陛下刚刚即位,人心容易动摇,不宜亲自出征,还是派个将军去吧!"柴荣说:"刘崇趁我刚遭到丧事,又欺侮我年纪轻新即位,想吞并中原。这次他亲自来,我不能不自己去对付他。"大臣们看柴荣的态度挺坚决,也就不作声了。只有一个老臣站出来反对,他就是太师冯道。柴荣对冯道说:"过去唐太宗创建大业,哪一次不是亲自出征。我怎么能苟且偷安呢?"冯道冷冷地笑了一声说:"陛下未必能学得唐太宗。"柴荣回答说:"刘崇不过是乌合之众,要消灭刘崇,就像泰山压卵一样容易。"冯道又说:"不知道陛下能做得泰山吗?"柴荣听闻此言,也不回答,起身离开朝堂,直接从大梁(开封)统帅禁军出发。

冯道(882~945年),瀛州景城(今河北交河东北)人,唐末投刘守光作参军,刘败后投河东监军张承业当巡官。张承业重视他的"文章履行",推荐给晋王李克用,任河东节度掌书记。后唐庄宗时任户部尚书、翰林学士,明宗时出任宰相。后晋高祖、出帝时均连任宰相,契丹灭晋后,被任为太傅,后汉代晋后任太师,后周代汉后依然任太师。周世宗征北汉前,冯道极力劝阻,激怒了周世宗,因而不让他随军,令他监修周太祖陵墓。当时冯道已患病,葬礼完成后就去世了,被周世宗追封为瀛王。

刘崇已经打败后周昭义节度使李筠。李筠退守潞州城,刘崇越过潞州,直取大梁。公元954年三月十八日柴荣与刘崇在高平县(在今山西省)相遇。

柴荣亲率后周军前锋，在大部队尚未到齐的情况下，奋力追击。刘崇人数众多，军容极盛，见柴荣孤军而来，以为必胜，后悔请来契丹援军，于是请契丹人不要出场，只为后援，这样契丹军就在高平之战中坐山观虎斗。北汉军立即发动进攻，北汉第一勇将张元徽亲自率领千余精骑冲击后周的右军。后周的右军主将樊爱能等人交战不久，看到北汉军来势很猛，抵挡不住，就率领骑兵率先逃走，一路抢劫辎重，散布谣言，并且企图阻止后军的前进。后周右军被击溃，上千人在阵地上山呼万岁投降北汉。

右军一触即溃，柴荣见形势危急，便只带几十名亲兵，在战场上不畏矢石冒死督战。见皇帝涉险，后周禁军将领赵匡胤和张永德各带两千人马出击。一时之间竟无人能敌，士卒士气大盛，拼死力战，无不以一当百，北汉兵抵挡不住。不久北汉张元徽阵亡，极大打击北汉士气，后周军乘风猛攻，箭如雨下，北汉军大败，观战的契丹人见此情形，悄悄退去。刘崇仅率领百余骑兵狼狈脱逃，柴荣乘胜追击，将太原围困起来，虽然不久退兵，但刘崇因惊吓过度，最后病死了。柴荣以六千骑兵对北汉五万人，以弱胜强，是为高平大战。

战后，柴荣对战争中所暴露出来的军队中的种种问题毫不姑息，将右营将领樊爱能等及其所部军使以上七十余名将校斩首，整肃军纪。对军队进行大刀阔斧的改编，建立精锐的禁军，使军队战斗力大大加强，为此后的南征北战创造了基本的条件。

同时，为实现统一大业，柴荣励精图治，在内政各方面也进行了卓有成效的改革。

柴荣首先从自己做起，他一是生活俭朴，为群臣为将士做出了表率；二是虚心纳谏，打破常规，破格任用有才干的人。然后他根据大臣的表现升降其官职。柴荣还点名让王朴写了《平边策》，以此制定了统一大计。柴荣贬杀过不少官员，却没有因为言论而杀一个人。只有一个右谏议大夫李知损因为在工作上挑挑拣拣，被流放到沙门岛（山东省蓬莱县西北海中的长岛）。

柴荣放弃王朴的《平边策》

王朴的这篇具有战略指导意义的文章就是五代史上大名鼎鼎的《平边策》，王朴的战略意图非常明显，就是先易后难，先取江南，后取北方。后来宋太祖赵匡胤的统一进程实际上就是按王朴的《平边策》照葫芦画瓢，北汉也确实是五代十国时最后一个消灭的政权。王朴死后，柴荣放弃既定战略而北伐契丹，应出于以下考虑：南方诸国中只有蜀国和南唐与周朝临界，李璟不足虑。蜀国孟昶也只是癣疥之疾，其它的小政权更是不值一提。柴荣北伐契丹的主要战略目的是夺回幽云十六州，在北方建立完善的防御体系，相对北汉，契丹才是周朝最大的威胁。因为此时的契丹已经基本完成了封建化，是一个强大的封建农奴制军事集团，契丹高居燕云山险之地，俯窥山南千里平原，游骑纵横，让人防不胜防，所以柴荣认定南方不会对自己造成威胁后，北伐也是势在必然。

柴荣对于五代时期以严酷出名的法律，进行了彻底修订。废除了随意处死的条款，废除一些凌迟（即千刀万剐）之类的酷刑。斩杀了几个私自杀死犯人的官员，以示惩戒。又以人道措施来对待犯人，打扫肮脏的监狱，洗刷枷拷，给犯人充足的饭食，有病的允许探视，无主的病人官府负责治疗，严禁使犯人无故死亡。

后周的都城大梁由于人口增长过快、居民房屋密集、违章建筑比比皆是，致使道路狭窄，车马无法通行。于是，柴荣将都城内所有违章建筑全部强迫拆毁，还将城内所有的坟墓统统迁往城外。这种做法马上遭到了百姓的唾骂，听到民间的怨言后，柴荣叹息道："朕如何会不知这样会遭来万民的怨言？但是随着国家的发展，这样的事情总得有人来做，现在大家都认为这是扰民之举，纯属多余，但是这种做法利在千秋，不妨让朕来做一个开拓者，所有的非议由朕来承担吧！"柴荣这个人知道他的某些行为是有异议的,也并未以严酷手段压制这些争议。他吏治的策略是令出必行,但并非禁止言论自由。

柴荣还考虑到佛教的问题。佛教当时在民间广为流行,而许多人为了逃避兵役纷纷"出家",大量的金属被用来铸造佛像,铜材紧缺导致铸钱也困难,以至于军队里的兵源不足且军械制造无法得到充足的原料供应。面对这种情况,柴荣不惜进行了被万世咒骂的"毁佛"活动,此举遭到佛教徒和满朝大臣的反对。可柴荣才智过人,搬出了佛祖"舍身饲虎"的典故,答曰:"平定乱世乃千秋的功业。佛家曾谓:如有益于世人,手眼尚且可以布施,区区铜像又何足道!"意思是说,佛是造福众生的,假如他活着,为了救人,他的真身都可毁去,又为何舍不得铜像呢?此番言论,说得反对者哑口无言,只好服从。于是,除了少数古寺之外,柴荣下旨强行拆毁了上千所寺庙,融化佛像铸为兵器和铜钱,这就是著名的"周元通宝",是五代时期铸行最多、质量最好的铜钱。

五代显德二年(955),后周世宗废天下寺院三千余所,令采铜兴冶,立监铸钱。周元通宝,钱文直读,直径2.4~2.57厘米,重2.8~4.75克。因面背星月不同,分为多种版别。后代迷信的人以为周元通宝系毁佛寺铜像所铸,故传言可治病、助产。

恶鬼骑龙渡淮水

柴荣的改革没多久就收到了效果,国家的实力逐步增强,有了坚实的经济基础,柴荣就顺应民意,顺应当时南北人民渴望统一、永久结束战乱、和平生活的愿望,开始了统一战争。

在统一战略上,可以看出柴荣与后来的宋太祖是两个完全不同性格的人,柴荣喜欢迎难而上,而宋太祖遇到大事,则选择随遇而安。柴荣

第二章 丹书铁券音
——后周柴氏

的策略是先北后南,准备稳住敌人南唐后,起兵北伐,对付更为强大的契丹。宋太祖则急于求成,不愿意冒与契丹过早交手的危险,而是先解决较弱的南方政权,结果南方固然得以平定,但军心也懈怠了,其直接后果是终宋一代,都被强邻所压制。柴荣坚决果断,而宋太祖稳健现实,两人的这种性格差异关系到中国历史的走向。

柴荣的南北征战计划分为两阶段:第一阶段是打败南唐,收复西蜀;第二阶段是北伐夺取契丹占领的领土,驱逐契丹势力出长城以外。

柴荣先派向训和王景发兵征讨,不到半年就将西蜀全部占领。随后,柴荣将兵锋指向了南唐。南唐在十国中实力最强。柴荣经过三次亲征,长达两年五个月的战争,在攻打楚州时,还因南唐守将张彦卿誓死不降,与周军拼到玉石俱焚,柴荣怒而屠城。后周军中双峰骆驼兵骑骆驼渡淮水时,水漫过了骆驼的下部,从水面上看,周兵就像骑着龙一样,南唐军民盛传"恶鬼骑龙渡淮水"。这样,前两次都因为南唐军民的抵抗,后周都被迫退军。后来柴荣意识到要收拢民心,终于在第三次南征中彻底降伏南唐。

其间,有一次后周从水路进攻南唐,然而有从长江到淮河之间一段河道无法疏通,负责人禀告说,由于长江水位高于淮水,一旦掘通必然倒灌,所以无法安全施工。柴荣阅毕,亲自前去观看,几日后传下手谕,竟然有详细的施工方法,匠人依法施行,果然安全地疏通了河道,周军得以出征。由此看来,柴荣的才华可谓令人惊叹。

公元959年,柴荣掉转方向,麾师直指北方的强敌契丹。柴荣率领步兵和骑兵共数万人从沧州北上出击,用了仅仅42日便占领了燕南各州,一举占领了契丹把守的三关:瓦桥关(今河北雄县境内)、益津关(今河北文安县境内)和淤关(今河北霸县境内),还有宁州(今河北青县)、瀛州(今河北河间)和莫州(今河北任丘北)三州,总计有十七个县,是五代时和辽交战取得的最大胜利。然而,在攻取幽州时，柴荣猝然重病。无奈只好在派将固守各州之后退兵南下，周军被迫还师。

回到开封不久，公元959年6月29日，即显德六年，日落时分，柴荣病逝于后周大梁万岁殿，年仅三十九岁，英年早逝，三十年的宏愿无法实现。临死立7岁的长子柴宗训为太子，委国事于范质王傅两丞相，委军权于义弟赵匡胤。柴荣是个政治家，不是政客，政治家的根本目的在于对国家全局的考虑，社会的安定，将来的发展，政客的第一考虑是如何保持自己的权位、面子、子孙后代的安危。柴荣对自己的生父柴守礼，虽然百般迁就，却终生不让他到京城来，这如果用政客的思量来考虑柴荣的做法是无法得出结论的。柴荣的文治武功，确为古今帝王达者之一人。

位于郑州新郑市城北18公里处郭店镇附近，现有陵墓4座，即嵩陵、庆陵、顺陵和懿陵，分别为太祖郭威墓、世宗柴荣墓、恭帝柴宗训之墓、世宗皇后符氏之墓。后周皇陵规模较小，据史载，郭威临终时要养子柴荣丧葬从俭。故嵩陵前面只有墓碑一座。庆陵、顺陵、懿陵前均无石人石兽，文献上也未见到陵前有石人石兽的记载。直至明朝初年，才开始为庆陵修建陵园。后周皇陵与历代帝王陵墓相比，规模较小，仪设也比较简单，这与郭威、柴荣体恤民困，崇尚俭约有关。

公元960年，显德七年元旦，军士在陈桥驿站发生了哗变，把黄袍加到了赵匡胤的身上。赵匡胤率军队回朝，迫使幼帝柴宗训让位，遂称帝，改元干德。其时，赵匡胤也是33岁，与柴荣登基时同岁，随后贬周废帝于房州，立下誓碑，赐给丹书铁券，宣布永不加害。

誓碑

由于赵匡胤和柴荣之间有过知遇之恩。赵匡胤感到内疚与负罪。他最后立下"誓碑"，来赎回他的罪过，并立下了祖训：凡是大宋的历代皇帝，在祭祀时必须要在誓碑前下跪，并默诵碑上的誓言，世世代代，不得违抗。但是几百年以后，在金兵攻破开封府后，誓碑上的内容才为世间所知。誓碑上只有几行字：

"不准杀士大夫上书言事者；

"凡柴氏子孙，有罪不得加刑。即使有谋逆大罪，亦不可株连全族，只可于牢中赐死，不可杀戮于市。

"不遵此训者，吾必不佑之！"

果然，世代的大宋皇帝遵守了赵匡胤的誓约，柴氏子孙得到了很好的照应，并没有出现一般朝代常有的屠杀上一代皇室全族的惨剧。

◎ 天子孤儿——柴崇训

陈桥驿

柴崇训，柴荣的第三子，后周恭帝。公元959年六月，柴荣溘然长逝，他于同月甲午日继位，沿用周太祖年号"显德"，年仅八岁。时任殿前都点检、归德军节度使的赵匡胤握有实权。赵匡胤在高平之战立下救驾之功，深得柴荣的信任。当时后周禁军分殿前司和侍卫司，两司的主官分别是驸马张永德和郭威外甥李重进，照说是一家人，可惜两人关系却很恶劣，想来两位统帅各搞亲信，两支军队也免不了互相争斗，于是柴荣将扩充张永德所率殿前司的大事交给了赵匡胤来处理，负责选拔真正的骁勇之士组建新的禁军。赵匡胤于是在禁军中结交了许多有前途有本事的异姓好友、拜把兄弟。最著名的当然是"义社十兄弟"，除了赵匡胤本人之外，还有石守信、王审琦、杨光义、李继勋、王政忠、刘庆义、刘守忠、刘延让、韩重赟。通过结交将领士卒、联姻世家大族、搜罗智囊，加上本身富有才能，赵匡胤的上司柴荣和张永德在将士中的影响力都逐渐被赵匡胤取代了。

柴荣北伐契丹时曾得到一块长约二三尺的木牌，上有"点检做天子"的字样，看到这块牌子后，柴荣便疑心当时的殿前都点检张永德有图谋不轨之意。他病危时，将张永德军职换成文职，改由赵匡胤担任殿前都点检，统帅后周军队，因为赵匡胤是外姓，外甥李重进还有兵力可以牵制。

柴荣准备让自己最信任的旧属王着任宰相。谁知死后范质和赵匡胤就抹去了任命王着为相的遗言。范质主要害怕王着来与他分权，赵匡胤答应替他保守秘密，不过赵匡胤要的报酬很高，那就是帝位。不管怎样，范质他自己也只以保住宰相之位为满足。每个人在关键时刻都在争取利益的最大化，忠诚和道义暂且放在两边。

范质和赵匡胤密谋，将统帅后周另一支大军的李重进以升官的名义调离京城大梁。赵匡胤成功除去了他的心头之患。

公元960正月初一，新年之时，忽然传来辽国联合北汉大举入侵的消息，令众人一时间手足无措，范质马上委赵匡胤最高军权，调动全国兵马去抵御外敌。当大军刚离开不久，东京城内就起了一阵谣传，说赵匡胤将做天子。

正月初三日，赵匡胤统率大军离开都城，夜宿距开封东北20公里的陈桥驿（今河南封丘东南陈桥镇），兵变计划就付诸实践了。这天晚上，赵匡胤的一些亲信在将士中散布议论，说："今皇帝幼弱，不能亲政，我们为国效力破敌，有谁知晓；不若先拥立赵匡胤为皇帝，然后北征未晚也。"将士的兵变情绪很快就被煽动起来，这时赵匡胤的弟弟赵匡义（后改名光义即宋太宗赵炅）和亲信赵普见时机成熟，便授意将士将一件事先准备好的皇帝登基的黄袍披在假装醉酒刚刚醒来的赵匡胤身上，并皆拜于庭下，山呼万岁的声音几里外都能听到，遂拥立他为皇帝。赵匡胤却装一脸茫然状的样子看着将士们，说："你们自贪富贵，立我为天子，能从我命则可，不然，我不能为若主矣。"大家齐声高喊"惟命是听"。

赵普

北宋大臣，字则平，祖为幽州蓟（今北京西南）人，迁镇州（今河北正定），再迁洛阳。后周时为赵匡胤的幕僚，任掌书记，策划陈桥兵变，帮助赵匡胤夺取政权。宋初任枢密使，干德二年（公元964年）起任宰相。太祖采纳其建议，选拔各地精兵充禁军，削弱地方武力；实行更戍法，经常变换军队防地，使兵将分离；解除石守信等兵权，防止大将夺取帝位。对先南后北、先易后难的统一战略及对辽采取守势的策略，都参与谋划。太宗时又两次为相，淳化三年（公元922年）因病辞职，封魏国公。他少时为吏，读书不多，相传有"半部《论语》治天下"的说法。

赵匡胤当众宣布，回开封后，不能惊扰昔日的主人——后周的太后和皇帝；不能怠慢与他同朝为官的后周大臣；进京之后不许擅自闯入朝廷府库和官民之家，更不能趁机抢掠。最后他提醒众人，尊令者将得到赏赐，而违令者格杀勿论，诸将士都应声"诺"！于是赵匡胤率兵变的队伍回师开封。

守备都城的主要禁军将领石守信、王审琦等人都是赵匡胤过去的"结社兄弟"，得悉兵变成功后便打开城门接应。当时在开封的后周禁军将领中，只有侍卫亲军马步军副都指挥使韩通在仓卒间想率兵抵抗，但还没有召集军队，就被派来的杀手王彦升杀死。陈桥兵变的将士兵不血刃就控制了后周的都城开封。

回戈东京

正月初四，赵匡胤率军回师开封。这时后周宰相范质假装无可奈何，退到阶下，向赵匡胤行礼参拜，其它人也随之拜倒。翰林学士陶谷拿出一篇事先准备好的禅代诏书，宣布周恭帝退位。

赵匡胤遂正式登皇帝位，改国号"宋"，定都开封，年号建隆，这一年是公元960年。赵匡胤轻易地夺取了后周政权，改封恭帝柴宗训为郑王。国号之所以叫"宋"，这是因为赵匡胤在后周任归德军节度使的藩镇所在地是宋州（今河南商丘），乃以宋为国号。

建隆元年（公元960年）四月，后周老将李筠发兵讨宋，迅速失败丧命。李筠造反时，身在扬州的李重进派亲信翟守珣赶往北方与李筠联络，准备对宋来个南北夹击。谁知翟守珣投诚赵匡胤，并按照宋太祖的计策又返回扬州哄骗李重进，使他对李筠产生困惑，放弃了与李筠同击宋军的战机。李筠被灭后，宋太祖便开始对付李重进，终于迫使其在同年九月起兵造反，起兵仅五十天便被宋军所败，不得不自杀身亡。赵匡胤的顾忌全部解除，柴荣的儿子们的悲惨命运终于开始了。

李筠孤忠报周朝

李筠，初名荣，避周世宗讳，改名筠，并州太原（今太原市）人，五代后周大将、开国功臣。

后周恭帝二年（公元960年），宋太祖赵匡胤受禅称帝，建立宋朝。李筠把后周太祖的画像挂在墙上，痛哭流涕。不久，他就派遣牙将刘继冲等向北汉睿宗称臣，睿宗以蜡丸封书约李筠联合伐宋。宋太祖御驾亲征，同石守信等会师，在泽州以南打败李筠的三万主力部队，李筠被迫北还坚守泽州。宋太祖亲自督战，攻下泽州城池，李筠赴火自焚而死。

柴荣有四个儿子：宗训、熙让、熙谨、熙悔。柴熙谨不明原因地夭折,熙让和熙悔也在不久之后陆续失踪。最后,就剩柴宗训一人了,传说他禅位后先居住在天清寺,然后被迁往房州(今河北省北房县)居住。八年后,21岁的柴宗训逝世,死得很是时候,刚刚成年。赵匡胤为他穿孝发哀,辍朝十日,还给他上了个"恭皇帝"的谥号。柴宗训归葬故里,与父亲柴荣葬在一起。

公元1059年,宋仁宗下令找来柴氏族谱,从柴氏家族的旁支诸房中找一个辈份最长的人,给予一定的待遇,由他及他的后人承担奉祀后周皇族之职。据说,找到了柴宗训的六个儿子:柴永崎、柴永廉、柴永惠、柴永孝、柴永盛。将柴永崎改封郑国公,代代世袭。此外,还给柴家发了"丹书铁券",凭此券柴家子孙犯罪永远免死。

柴氏的历史名人

柴氏望族居汝阳郡,今河南息县西;《百家姓》注说是平阳郡,今山西临汾西南。关于柴氏的历史名人,西汉有棘浦侯柴武,是一位辅助功臣。柴姓的"棘蒲堂"由此而来。还有一位赫赫有名的人物,就是五代时继郭威之位的皇帝周世宗柴荣,史称柴世宗。柴荣不但通经史,且有治才。赵匡胤即皇帝位,封周帝为郑王,迁居房州,以奉周祀,仁宗嘉佑四年,封柴咏为崇义公,世袭,以奉周祀。靖康之难时,崇义公亡于战乱。宋高宗于绍兴五年,访得周后柴叔夏,命其袭封崇义公。崇义公爵位传至宋末。此外,柴姓名人还有唐代霍国公柴绍,宋代有枢密副史柴禹锡。明代有开国功臣柴虎。《水浒传》108条好汉中有个"小旋风"柴进,自称是"柴世宗嫡派子孙,家间有先朝太祖誓书铁券"。

第三章 海青鸟的传奇——完颜氏族

完颜为金朝国姓。根据史书记载，女真人姓氏有百余种之多，分为白号之姓和黑号之姓。女真人崇尚白色，以白为贵，因此，白号之姓属贵族之姓比黑号之姓要高贵得多。完颜氏是皇族姓氏，于是成为白号姓氏中最高贵的姓氏，名列白号之首。完颜氏在女真语中是"王"的意思，即帝王之王。据宋朝宇文懋昭撰写的《大金国志》记载说，阿骨打在称帝建国的时候，采纳了渤海士人杨朴的建议，以王为姓，以旻为名，国号"大金"。完颜的拼读之音，与汉字"王"字读音相近，因此"完颜"极有可能是女真语对"王"的译音。

公元1115－1234年，女真人完颜阿骨打及世系十帝在东北建立了金朝，立国120年。金灭辽后，挟灭辽之威，很快席卷而南，灭亡北宋。在如此短的时间内以极少的兵力创造了如此辉煌的战绩，在中国历史上是罕见的，女真人的战斗力之强令人瞠目。所谓"女真不满万，满万不可敌"，不是一句神话。在与南宋、西夏并立期间，金迫使西夏臣附、南宋屈辱求和，始终维持其东亚霸主地位。金朝后期，统治集团极其腐朽，各民族起义风起云涌，同时又受到蒙古帝国军队的不断打击，终于亡国。

代表人物：完颜阿骨打 完颜陈和尚
对政局影响：灭辽、灭北宋，席卷天下
溯本追源：完颜为金朝国姓
家族兴衰：金朝鼎盛一百多年，最终为元所灭。
后世遗踪：今日完颜氏多改汉姓为王或汪

◎ 金子一般的男人——完颜阿骨打

海东青

完颜阿骨打是史学家心中完美的人。秦皇汉武等中国历代的帝王，因他们一生的是非功过，很少有史学家用"完美"一词来评价他们，却意外的用"完美"这个词，来评价大金的创立者——完颜阿骨打。

在西伯利亚境东的大海（今俄罗斯鞑靼海）中，出产一种珍贵的珍珠，珠蚌每年十月大熟，但是此时海边坚冰数尺，人无法凿冰取珠。当地有一种天鹅，专以珠蚌为食，食蚌后将珠藏于嗉内。一种叫海东青的鹰素来喜欢捕捉天鹅，有以天鹅脑浆为食的习性。于是，女真人便训练海东青捕捉这种天鹅，海东青由此成为辽金时期最名贵的猎鹰。据说这种鹰的脾气很刚烈。传说有个猎人，他驯好了海东青，并经常带它出猎。有一年，猎人老了，眼神不好了。一天，他带鹰出猎时，猎人看见好像有一只兔子在地上跑，立刻发出追击的信号，于是海东青一下子追过去。追到后，海东青发现，它追赶的根本不是兔子，而是云影，这是猎人错把云影看成了兔子，于是海东青暴怒地飞回来了，一口啄瞎了猎人的眼睛，然后自己撞死在大树上了。

女真本名朱里真，而在女真语中，东方一词的读音是诸勒，与朱里之音相通，海东青的读音为朱勒申，与朱理真同音。因此，女真一词含义为东方之鹰，而这个东方之鹰就是海东青。女真人的图腾也正是海东青，他们乃是崇拜海东青的民族。

女真是靺鞨部落中的一部，公元926年，辽太祖耶律阿保机灭靺鞨人的渤海国，部分女真人随渤海人南迁，编入辽籍，称为"熟女真"；留居故地的女真人，未入辽籍的称为"生女真"。完颜阿骨打所在的生女真完颜部自始祖汗朴以来，其历代祖先世为首领。11世纪初，完颜部已形成为一个强大的部落，并逐渐联合周围女真诸部组成部落联盟。阿骨打的祖父接受辽朝加给的"节度使"称号。阿骨打之父克里钵继任联盟长后，东征西讨，女真部落联盟日渐巩固和强大。

靺鞨族

生活在满洲的通古斯民族，古代以渔猎生活为主。唐代的汉语文献中将其称为"靺鞨"，宋元及明时期的汉语文献中称其为女真，亦称"勿吉"。源于肃慎，分布在松花江、牡丹江流域及黑龙江中下游，东至日本海。分粟末、伯咄、安车骨、拂涅、号室、黑水、白山七部。有农业，种植粟、麦、穄；善养猪，亦从事狩猎。经常向汉王朝献贡。各部发展不平衡。黑水部居最北面，发展较慢，分十六部。唐玄宗时，就是大部落置黑水府，以其首领为都督。其余各部隶属于都督府，称为州，任命各部落首领为州刺史。五代时称女真。粟末部居最南方，较先进。

完颜阿骨打，汉名旻，是完颜克里钵的次子，完颜乌亚术之弟。相传他出生时，从天上飞来一只白色的海东青，围着刚刚出生的男婴飞来飞去，还不停地叫着："阿——骨——打！阿——骨——打！"于是他的父亲就给他起名叫完颜阿骨打。阿骨打从小状貌雄伟，沉毅寡言，胸有大志，且善于骑射。辽使曾见他张弓射群鸟，连三发皆中，惊称为"奇男子"。长大后，23岁便随父出征，他身披短甲，免胄，马不挂甲，在阵前从容号令诸军，初露锋芒。

其兄完颜乌亚术继任联盟长后，女真社会分化日渐严重。辽干统九年（公元1109年），女真地区发生灾荒，饥民四处流徙，穷人难以为生，弱者卖妻鬻子以偿债，强者纷纷上山做强盗。面对这一局面，乌亚术等

第三章 海青鸟的传奇
——完颜氏族

人为保护富人的财产,准备施以重刑,下令凡是有强盗行为的杀无赦。阿骨打则表示反对,他说,为了保护财产而杀人,是愚蠢的,财产,都是人所创造的。百姓都去做强盗,是由于无法生存。因而提出三年内不准富人催债,三年后视情况再定。乌亚术采纳了他的提议,这项政策施行后,穷人得以生存,缓和了部落内部矛盾,既避免了女真穷人的破产,又保证了兵力来源,联盟更加巩固壮大,阿骨打也因此受到部落上下真心的拥戴。

辽天庆三年(公元1113年)10月,兄长完颜乌亚术病死,在众人的推举下,他袭位为酋长,称都勃极烈(宰相)。时女真人为辽国的附庸。他被辽封为惕隐(辽官职名),次年六月,辽授以"生女真部族节度使"称号。阿骨打未袭位前,在同辽的来往中,已充分显示了他的才能。如他的父亲克里钵临终前说过:"乌亚术性格宽厚柔顺,只有阿骨打能解决我们同契丹人的仇怨。"阿骨打继任都勃极烈后,振兴部落、反抗压迫的重任自然落在他的身上

起初,女真人与契丹人的关系还比较和睦,可是自从契丹人建立辽国后,便开始对女真人进行盘剥,辽统治者每年都向女真人索取贡品,这个贡品主要就是海东青。海东青凶猛矫健,善于捕捉天鹅,让嗜于游猎的契丹人极感兴趣,于是每年冬天女真地区都会迎来催要海东青的捕鹰使者银牌天使,这给女真人带来了沉重的负担,女真人与银牌天使之间经常爆发冲突,直至女真人正式决定起兵反辽。就是因为这一种鸟而使两个民族结下深仇大恨,最终导致一个帝国的灭亡,这听起来有点荒诞,可是却实实在在地在中国北方的历史上发生了。

辽统治末期,政治腐败,天祚帝沉迷游猎,索取的海东青等贡品日渐增多,引起女真人的强烈不满。辽天庆二年(公元1112年)春时,天祚帝至春捺钵(今吉林大安月亮泡一带)钓鱼,接见附近各族头领,在头鱼宴上命各部首领依次歌舞,唯阿骨打推辞不能,别人软硬兼施,他

也坚决坐在地上不肯起来。阿骨打归来后即着手准备反辽。阿骨打遣人入辽探查虚实,得知辽国边备废弛,但此时契丹贵族对女真的崛起已存戒心,正调兵以备女真。阿骨打对部属说:"辽人知我们将举兵攻打他,所以现在集中大军来防御我们,我们一定要先发制人,不要为人所制。"

天祚帝

中国辽朝末代皇帝,即耶律延禧。字延宁,契丹名阿果。辽道宗孙。道宗后期,阶级矛盾和民族矛盾已十分尖锐。天庆四年(公元1114年),女真部酋长完颜阿骨打起兵反辽,两败辽师。次年正月,阿骨打即皇帝位,建国号大金。九月,陷黄龙府(今吉林农安)。天庆五年二月,渤海人古欲等反,十月御营副都统、诸行营副都部署耶律章奴反,十二月,天祚帝亲征金朝,全军溃败。保大二年(公元1122年)正月,金陷中京大定府(今辽宁宁城西大名城)。天祚帝闻讯后急走西京大同府(今山西大同)一带,遂乘轻骑逃入夹山(今内蒙古萨拉齐西北大青山中)。在南京析津府(今北京)的秦晋国王耶律淳被拥立为天锡皇帝,据有南京道等地,天祚帝所有仅沙漠以北及西南、西北路两招讨府诸番部族而已。六月,金兵击败来援的谟葛失与西夏军,天祚帝辗转逃亡于天德军(今内蒙古乌拉特前旗北)、云内州(今内蒙古呼和浩特西南)等地。四年七月,复帅来投的耶律大石军与阴山谟葛失兵,出夹山,谋为恢复。耶律大石谏阻,不从,因而擅率所部北走,自立为王。天祚帝东进,与金人战于奄遏下水,兵溃,西走。五年,至应州(今山西应县),为金兵所俘。辽亡。

女真满万不可敌

辽天庆四年(公元1114年)九月,阿骨打召集女真各部落兵马大会于来流水(今拉林河口西,吉林扶余石碑崴子屯附近),得2500人,在此誓师伐辽,阿骨打手握木棍大声说:"辽对我们有功不赏,而且欺辱压榨，包庇我们的逃犯阿疎。这次你们要同心协力打败辽兵，有功者，奴婢可以解放为平民，平民可以作官，原先有官职的，按功劳大小升官。如果谁敢违背誓言，就要处死，连家属也不能赦免"。第二天，阿骨打就率这2500部众进军混同江东的宁江州（今吉林扶余东南小城子）。刚进辽界，与耶律谢十率领的渤海军遭遇，阿骨打亲自射杀谢十，辽军大溃，女真首战告捷，士气倍增。十月，一举攻克混同江东的宁江州。反辽战争初告成功。

阿骨打为孤立辽统治者，采取分化瓦解的攻势。他招谕当地人说："女真、渤海本同一家"，还遣人招降辽籍女真。同时派人抚定东北边远地区部落，达鲁古部、铁骊部、鳌古部等相继归附，终于稳定了后方。

十一月，辽天祚帝以十万之众进攻女真，阿骨打率军迎战。天祚帝遣萧嗣先率步骑前锋7000余人屯兵鸭子河（今吉林省扶余县北松花江）。阿骨打亲率甲士乘夜鸣鼓举燧而行，黎明至河，踏冰抢渡，女真只有3700人，且只有三分之一渡过鸭子河，就与辽军遇于出河店（今黑龙江肇源西南）。适大风骤起，尘埃蔽天，阿骨打指挥将士乘风势击之，勇猛冲杀，辽军大溃。后续部队十万之众全线撤退，阿骨打追杀辽兵，获得车马、兵器、珍玩不计其数，并将俘虏编入军队，士兵猛增到一万。这次会战是历史上以少胜多的一个战例，也是女真军日后攻灭辽国的一次决定性战役，史称鸭子河之战。当时中原流传一句话："女真兵不可满万，满万不可敌"，而此时女真兵已经满万。

女真人袭击日本

公元1019年3月，一支拥有50条战船的舰队突然袭击了日本对马，至4月进袭壹岐、怡土郡、博德、长崎和肥前等地。当时只以搜刮农民为能事而无抵御外侮能力的日本中央权贵们闻讯大骇，毫无办法。这支舰队最后还是被日本地方武装击退了。事后根据日本官方统计：日本居民被杀 463 人，掳走 1280 人。这是日本本土历史上第一次受到来自大陆的大规模的武力威胁，根据日本《朝野群载》所收录的宽仁三年四月十六日日本太宰府向日本朝廷上报的解文记载：日本的北九州岛遭到来自朝鲜半岛的不明军队的袭击，来袭方国籍不明，只知道名唤刀伊。实际上刀伊来源于朝鲜语的音译，指的就是东北黑龙江流域的女真人。

女真军乘胜进击，攻占了辽的大片土地。辽天庆五年（公元 1115 年）正月初一，在其弟吴乞买等人为"以系天下心"的劝进下，阿骨打在按出虎水完颜部的居住地（今黑龙江省阿城县南白城子）宣告建国，国号大金，建元"收国"。

几天后，阿骨打亲率大军伐辽，渡混同江，攻占黄龙府（今吉林农安）。天祚帝得知东北重镇黄龙府失陷，感到事态严重，亲率 10 万大军征女真，号 70 万，以期一举消灭阿骨打。当时金军队仅 2 万人，两军对阵于达鲁古城一带，尚未交锋，天祚帝因国内叛乱撤军返朝。阿骨打抓住战机挥军追至护步答冈（吉林榆树一带），辽师溃败。

金收国二年（公元 1116 年）初，渤海人高永昌据辽东京（今辽宁辽阳）反辽，自称大渤海国皇帝，据辽东五十余州。乘辽东局势混乱，阿骨打擒高永昌杀之，夺得辽东半岛，次年改元天辅。

海上之盟

金国在刚刚建立起来的时候，国力非常落后，在其内部还存在着一些原始制度的残余。阿骨打于是对其氏族制度进行了一系列改革，确立适应奴隶制国家的统治体系与社会组织。如，他改革了猛安谋克制度。

猛安谋克源于女真族部落的围猎组织，后来在对外战争中发展为军事组织。阿骨打下令以三百户为"谋克"（百夫长），十"谋克"为"猛安"(千夫长),将女真族的村寨组织与猛安谋克组织相结合,使之成为新的行政、军事和生产三位一体的地方行政组织。

阿骨打建金国后,这种军政合一的猛安谋克制度更为完善,作为社会的基层组织,对金朝奴隶制的巩固和发展起着十分重要的作用。在新占领地区,也推行猛安谋克制度,进行改编,以适应奴隶制国家的迅速发展及对外战争。在政治上改革原部落联盟的机构,确立帝位,去"都勃极烈"号,改称皇帝,为国家的最高统治者。在中央建立了"勃极烈制"(汉语官员的意思)。这是具有女真宗族大奴隶主贵族联合执政色彩的国家最高行政管理的中枢。这种"勃极烈制",保留了氏族部落议事会制度的一些旧痕。在金太祖、太宗时期一直沿用这一制度。

建国之初,阿骨打就提出一套依据女真族制度发展奴隶制经济的施政方针,除上述政治制度外,经济上实行猛安谋克屯田制。在新取得的辽地除辽法,省税赋,务农积谷。诏女真人同姓不得为婚。天辅三年,颁行女真字。随着统治范围的扩大,为适应对各族人的统治,阿骨打在一定程度上兼容了辽的封建政治经济制度,成为日后金朝封建化的重要契机。

天辅二年和三年,阿骨打一面休整军队,一面与辽议和,辽金使者往来十余次,和谈最终破裂。天辅四年五月,阿骨打亲自率军占领辽上京(今内蒙古赤峰巴林左旗治林东镇南波罗城)。随后与宋朝缔结"海上之盟",议定金宋夹击辽朝。

海上之盟

海上之盟即宋、金联合攻打辽的盟约。因为双方使节都由海上往返谈判,故名。宋徽宗政和五年(公元1115年),女真首领阿骨打建立金。随后屡败辽兵。宋徽宗等认为辽有必亡之势,决定联金攻辽,乘机收复燕云。重和元年(公元1118年),徽宗派马政自山东登州(今山东蓬莱)渡海与金谈判攻辽。此后双方来往频繁。宣和二年(公元1120年),北宋派马植赴金约盟,双方商定:宋金各按商定的进军路线攻打辽朝,金军攻取辽的中京大定府(今内蒙古宁城境),宋军攻取辽的南京析津府(今北京)和西京大同府(今山西大同)。宋答应灭辽后,将原来输给辽的岁币转输给金。金则答应将燕云还于宋。双方均不得单独与辽讲和。结果宋攻辽失败,遂要求金军攻辽南京,金军取胜。双方几经交涉,宋允30万匹绢、20万两银给金,并纳燕京租税100万贯,金才答应交还燕云六州(蓟、景、涿、顺、檀、易)及燕京。金军将燕京城内财物和人口掳掠一空而去,宋接收的只是一座残破不堪的空城,改燕京为燕山府。

天辅五年(公元1121年)十二月,由于形势的变化,阿骨打的反辽战争,便由反剥削、反压迫的战争转变为谋求统一的灭辽战争。阿骨打发动了第二次大规模的伐辽。天辅六年(公元1122年),阿骨打开始攻取燕京。正月,占辽中京(今赤峰宁城大名城);四月占领辽西京(今山西大同),辽天祚帝逃入阴山。六月初一,阿骨打亲率军征辽,以弟谙班勃极烈吴乞买监国。八月,阿骨打追辽天祚帝于大鱼泺。完颜昱、完颜宗望追及石辇驿,天祚帝战败逃遁。十二月,金军分路出得胜口与居庸关,至燕京(辽南京,今北京)城下,辽枢密院官员奉表投降。阿骨打率军入城。至此辽朝五京俱陷。辽虽有百万军队,但仍然无法挽回局势,辽政权迅速随之瓦解。

根据宋金盟约,灭辽后,应将燕云之地六州归还宋。可是,此前阿骨打下令金军早把燕地的金帛、豪族、工匠、民户席卷掳掠一空,宋朝所得的燕京仅空城而已。但在班师返回的途中,阿骨打病重。八月戊申,于部堵泺西行宫去世,终年56岁。三年之后,即天会三年(公元1125年),阿骨打之弟吴乞买(完颜晟)继承遗志,擒获天祚帝,辽朝终于灭亡。

阿骨打死后,葬在上京宫城西南。金太宗天会三年(公元1125年)

谥武元皇帝,庙号太祖。熙宗即位改葬和陵,皇统年间改称睿陵。海陵贞元三年(公1155年)改葬于中都(今北京)西南大房山,仍号睿陵。在元朝蒙古人撰写的《金史》中,对金太祖里竟然通篇溢美之辞。蒙古人与金女真人有着世仇,然而依然对他如此钦佩,可见阿骨打不愧为中国历史上几近完美的传奇英雄。

◎ 吞辽灭宋——完颜宗弼

搜山检海

完颜宗弼即著名的金兀术,本名完颜宗弼,又名兀术,乌珠,也作斡啜、斡出、晃斡出。他是金太祖完颜阿骨打的第四子,宋金对峙时期金朝杰出的军事家和政治家。早年参与追袭辽天祚帝,此次战斗中,宗弼身穿白铠甲,箭矢用尽,竟徒手夺取辽兵长枪,手杀八人,活捉五人而归,如入无人之境,成为军中无人不知的勇士。

宋靖康元年(公元1126年)金兵破北宋都城汴京,俘获徽钦二帝,灭掉了北宋。同年五月一日,康王赵构继位于南京(今河南商丘),改元建炎,史称南宋。但是,在这接连不断的大战中,宗弼只是率领部队作为策应,并不是主角。金国力图灭掉南宋,频繁南下,由此为完颜宗弼提供了一展鸿图的舞台。

宋建炎三年(公元1129年),金军为一举消灭南宋政权,发动了规模空前的冬季攻势,五路大军南下侵宋,宗弼奉命奔袭扬州,打败宋将杜充率6万步骑的阻击(岳飞也在其中,当时是杜充的部下),占领建康

（今南京）。赵构渡江南逃。

十月，宗弼率军直趋江浙，十一月，在和州（今安徽和县）大破宋军，下广德，勇闯天险独松岭，强渡长江至建康（今江苏南京），赵构逃往临安府（今浙江杭州）。

宗弼紧追不舍，连下广德、安吉等地，经湖州（今属浙江）攻下临安府。宗弼坐镇临安府，命金将阿里布、蒲卢浑率精骑四千追袭，渡曹娥江，宋将张俊在越州（今绍兴）阻击宗弼，顽强之极，宗弼仍大破之，随即克明州（今宁波），以追击赵构。

赵构已无处可逃，只好乘船亡命海上，不敢登岸。金兵入海又追了300余里，由于不习水战，在今日浙江台州海域，他们遭到宋枢密院提领海船（相当于海军司令）张公裕的阻击。张公裕击退金兵，返报赵构，他结束航海流浪，岁末回泊温州港，取消了南逃福州的计划。

海上橘灯

建炎四年（公元1130年），赵构君臣远离大陆，流浪于茫茫大海，除夕新年都是在颠簸的船上度过的。在海上，他们苦中作乐。正月十五，在台州章安港，忽有二舟因大风所飘，直犯御船，吓了大家一跳。被护驾军兵拿住，问明乃是贩运柑橘的商人。赵构闻报，命令把这两船柑橘全部买下，分给禁卫军食其瓤而取其皮，在元宵节晚上放灯之时，贮油于橘皮中，点灯随潮退入海中，时风息浪静，水波不动，有数万点火光，荧荧出没沧溟间。沿海的百姓未曾见过，纷纷登上提岸，观赏这海上银河。赵构是中国历史上唯一一个兴于海上的皇帝。

金人在海上被击败后，以"搜山检海已毕"为托词，焚烧明州后撤兵北返。在宗弼退兵北归的途中，遭到了南宋名将韩世忠、岳飞的顽强阻击，梁红玉金山擂鼓，10万金军被困黄天荡48日，宗弼一日一夜开渠三十里通向秦淮河，并趁无风天气，以火箭大败韩世忠前来追击的八千水军，方才得以脱身，他回到金上京后仍心有余悸。

梁红玉擂鼓战金山

梁红玉是南宋时和岳飞同时代的大将军韩世忠之妻，本是京口的妓女，遭人虐待，为韩世忠所救。梁红玉感其恩义，以身相许。当时韩世忠只是一名小军官，不敢答应，后来韩世忠升为将军后，才正式迎娶梁红玉为妻。在韩世忠的眼中，梁红玉并不是一般的风尘女子，她应有过人之处。韩世忠在京口和金兵的金兀术在黄天荡对峙。当时，兀术拥兵十万，战舰无数，而韩世忠只有八千疲兵。韩世忠听取梁红玉的计策，由韩率领小队宋兵舰诱金兵深入苇荡，再命大队宋兵埋伏，以梁红玉的鼓声为命，以灯为引，用火箭石矢焚烧敌船。

金兵果然中计，梁红玉站在金顶上擂鼓台，韩世忠率船队迎战，只听"咚，咚"战鼓响，金兵被韩世忠引入黄天荡，梁红玉三通鼓响，埋伏的宋军万箭齐发，顿时火光冲天，金兵纷纷落水，弃船逃命，死伤无数。梁红玉以灯为引，指挥宋军把金兵打得落花流水。梁红玉击鼓退金兵的故事至今仍为人们所传诵。

这次宗弼领兵追赵构，跨江河，越天险，破关隘，捣城池，搜山川，入大海，无坚不摧，无敌不克。时间之短，战线之长，地域之广，都出人意料，金人称之为"搜山检海"，此役使宗弼一战成名。实际上，此役反映了金人没有确定一统天下的目标和决心，加上金人军兵不适应南方水土，往往是"搜山检海"一番，就回军北返，并放弃了所占领的江南土地，使南宋几度转危为安，逐渐恢复了与金国相抗衡的实力。

浴血川陕

金天会七年（公元1129年），宗弼大军北撤途中，与宋将张俊相遇，发生了著名的陕西富平之战。

张俊为当时的南宋川陕宣抚处置使，他以刘锡为帅，集结了刘琦、赵哲、吴玠等将领统率的数倍于金兵的18万大军，以层层包围之势，与金军在富平（今陕西富平县北）展开决战。是役，张俊集结南宋名将刘琦、赵哲、吴玠将马步兵18万，号称40万，五路齐发集结于富平，张俊坐镇邠州督战。

战役中宋军攻势凶猛，宗弼军被重重包围，宗弼从中午战至黄昏，力战而不退，为扭转战局赢得了时间。此时的金将完颜娄室找到了宋军的薄弱处——赵哲统率的宋军，于是以其所率的所有精锐骑兵冲击赵军，赵军一触即溃，娄室与宗弼合兵掩杀，金军士气大振，致使南宋18万大军顷刻间土崩瓦解。金军乘胜追击，以少胜多，取得了富平之战的胜利，完颜宗弼的剽悍勇猛又一次名扬天下。

宗弼随即占据富平，并先后招抚陕西40多个州县。天会九年（公元1131年）春，泾源（今甘肃泾川县北）、熙河（今甘肃临洮县）两路皆平。南宋尽失陕西五路大部分地区，宗弼因平定陕西而成为陕西方面的最高统帅。

金国内部以达懒为首的主和派乘金熙宗刚继位之时专权，主张将河南、陕西之地归宋议和。对此，宗弼上奏熙宗要求严厉制裁这两个人。于是达懒伏诛，宗弼升为太保、领行台尚书省，都元帅，总揽一切军旅钱粮大权，便撕破金宋和约再次伐宋，但却接连遭受挫败。

金天会九年（公元1131年）冬，宗弼率部入四川，与"富平之战"中兵败的吴玠、吴璘兄弟大战于和尚原（今陕西宝鸡西南）。此一役宗弼被打得大败而归，宗弼"仅以身免"，甚至"剃其须髯而去"。这是金宋交战中，金军首次的大败仗。天会十一年（公元1134年）冬，金将撒离喝败吴玠军于固镇，宗弼率兵突袭，终于一举拿下和尚原。和尚原战役后，宗弼在仙人关又一次被吴氏兄弟打败。宗弼见吴氏兄弟善战，便不再与其硬拼，致书赵构令吴氏兄弟退兵，方才不战而胜。

志大才疏的张浚

中国南宋大臣。字德远,汉州绵竹(今属四川)人。宋徽宗时进士及第。宋高宗初立,升为礼部侍郎。建炎三年(公元1129年),宋高宗在临安(今浙江杭州)被将领苗傅、刘正彦所废。张浚约文臣吕颐浩、武将张俊、韩世忠、刘光世等破苗傅、刘正彦,使宋高宗复位,被任知枢密院事。他提出经营川陕的建议,出任川陕宣抚处置使。建炎四年,富平(今属陕西)会战中,宋军溃败,浚推卸败军之责。绍兴四年(公元1134年),被召至临安,后谪居福州。五年,出任宰相,督岳飞镇压杨幺起义。七年,刘光世部将郦琼叛降伪齐,张浚因而罢相。从此谪居20余年,仍上疏反对和议。宋孝宗时封为魏国公。隆兴元年(公元1163年)任枢密使,都督江淮军马渡淮北伐。旋即溃败,再次罢官,不久即死,谥忠献。著有《紫岩易传》等。

岳家军

南宋名将岳飞和完颜宗弼,是宋金对峙初期的两个关键人物。岳飞在南宋中兴诸将中战功最著,不但稳定了南宋初立国的基础,阻止了金军南下,而且有潜力恢复中原。历代的评书小说都描述了兀术与岳飞之间的战争,但毕竟演绎出来的,并不完全符合历史。历史上两人交手的真实情况到底是什么样呢?

完颜宗弼在公元1126年金人南下围攻汴京时,曾经攻占岳飞的家乡汤阴。岳飞和宗弼对敌始于公元1129年。金人于赵构就位后,再度发动侵略战争,宗弼率军南下,曾在马家渡过江,击败岳飞,获刍粮数百万计。

公元1130年春,宗弼"搜山检海"后从建康北撤。岳飞进攻宗弼留在建康的军队,宗弼奔淮西,此役岳飞战胜。

公元1130年金人立刘豫的伪齐政权后，南北的战争大都发生在宋齐之间，岳飞的主要精力都用于与伪齐军作战，金人只是有时参与对宋的侵略。岳飞累积军功，擢升武官最高的官阶太尉。巧合的是，宗弼也同期升为都元帅，进封越国王，成为金朝的最高统帅，正准备南侵河南、陕西等地。

金国扶植的伪齐傀儡政权

金人灭辽取宋，初无直接统治中原之意，遂立张邦昌为伪楚皇帝，让张邦昌帮助他们管理黄河以南地区，张邦昌被宋人废掉以后，齐阜昌元年（公元1130年）九月，金策立刘豫为帝，年号阜昌，国号大齐，始建都大名（今属河北省），后迁东平府须城，称"东京"。泰山一带划入齐境。刘豫在奉符置泰安军，"泰安"之名始此。阜昌八年（公元1137年），刘豫被废，泰安复属于金。被废后，刘豫被强行押送到金明池囚禁起来。皇统六年（公元1146年），刘豫在燕京的柏王寺中死去。

公元1140年，宗弼再次发动侵宋战争，分兵四路大举攻宋，出兵夺回原交还南宋的河南、陕西之地。宗弼所率主力军在顺昌之战中为宋将刘锜所率八字军击败，退回东京汴梁。

顺昌大捷

南宋初抗金的重要战役之一，由著名抗金将领刘锜指挥，是历史上一次著名的以少胜多的城邑防御战役。整个战役分为两个阶段，第一阶段从1140年5月25日至6月1日，历时6天，经过3次战斗，击溃金军的前锋部队；第二阶段从6月7日至6月12日，历时6天，刘锜率全城军民与兀术亲自率领的金军主力决战，取得了顺昌保卫战的最后胜利。

岳家军最早的起源——八字军

南宋初河北、河东地区人民组织的抗金义军。建炎元年（公元1127年），王彦率抗金部队入太行山，因面部刺"赤心报国，誓杀金贼"（或作"誓竭心力，不负赵王"）八字而得名。其后傅选、孟德、刘泽、焦文通等十九寨义军相继加入，人数发展至十余万，多次击败金兵。其中一万多人后由王彦率领南下，受宗泽等人节制，抗击金兵，屡建战功。

岳飞最早是王彦的部下，当时其仅带数百人作战，此即是自己能支配的部队。后来发展到万人的岳家军，就是这样逐步摸爬滚打出来的。

顺昌之战后，岳飞决定反攻中原，他挥师北上，连战连捷，集主力于颍昌（今河南许昌）地区，自率轻骑驻守郾城（今属河南）。

宗弼得悉岳飞的意图，决定诱岳飞孤军深入，然后集中主力予以歼灭。岳飞将计就计，掌握金军的弱点，向金军挑战。公元1140年七月初八，宗弼探知岳飞只带有少量军队驻于郾城，马上率一万五千骑兵直趋郾城，以重铠严装的"铁浮屠"（女真精锐骑兵，身穿几十斤的重甲作战，兜鍪坚固，止露双目）列于正面，拐子马布于两侧。

拐子马的真相

拐子马之称，出于当时全国部队中"河北签军"之口。所谓"河北签军"，是指从河北地区民户中被金强征入伍的汉人，因而"拐子马"一词应是汉族语言而非女真语言，此其一。其二，北宋人的习惯用语中有"拐子"一词，宋人笔记中不仅有"拐子马"，还有"拐子城""两拐子"等词。所谓"拐子城"，是指城门外用以拱卫城门的两道对立垣壁；所谓"两拐子"，是指左右两翼。因此"东西拐子马"，实即设置在正面大阵两侧的左右翼骑兵。

岳飞以步卒迎战金军精骑，命士卒以麻扎刀、大斧砍其马足；同时令其子岳云率背嵬骑兵直冲金军中军，杀伤甚众，获马数百匹；部将杨再兴等率骑突阵，斩杀金军近百人，宗弼几被擒，双方从下午激战到天黑，金军大败，宗弼见精锐被歼，大恸不已，又于初十增兵，准备再战。

岳飞部将王纲带领五十骑侦察敌情,突入敌阵,斩其裨将。十三日,宗弼集兵十二万。杨再兴以三百骑兵出巡,在小商桥与金兵主力遭遇。陷入重围后,他仍旧浴血奋战,身上每中一枚敌箭,就随手折断箭杆。最终杀死金兵两千多人以及一百多名将领后,三百人全部壮烈战死。战后宋军寻获杨再兴尸体,焚化后得箭镞2公斤之多,古代一个箭镞约重2钱(6克),也就是说杨再兴身中三百多箭。

南宋精兵背嵬军

背嵬军,南宋初的军队名称,背嵬军不只是岳飞才有的,主要是宋高宗的禁军,曾随岳飞征战。据岳飞之孙岳珂《鄂国金佗编》卷二十二,《淮西辨》云:"背嵬之士,先臣之亲军也。"至于背嵬的含义,理解颇歧,一说本指酒瓶,将帅的酒瓶必亲信拿,故喻为亲信。一说是皮牌。还有一说是大将帐前的骁勇人。又说这是番语,岳飞只是借用了这个词。从实际情况看,背嵬军既是亲军,又是精兵,战斗力极强。

岳飞乘势出击,经三天激战,再败宗弼,取得郾城大捷。宗弼在此战以前,尚未同岳家军进行过真正的较量,这次才算真正领教了岳家军的威力。

战后不久,宗弼一度准备从汴梁后撤,岳飞继续北进,收复郑州、陈州(今河南淮阳)等地,到达朱仙镇,准备实现长驱中原、收复河朔的愿望,正当这时,宋廷为向金朝乞和,强令岳飞班师。岳飞的班师,使整个抗金局势急转直下,收复的河南地区等失地又沦入金军之手,宋军十年之功,毁于一旦。第二年,岳飞以"莫须有"的罪名被处死。在南宋诸将中,岳飞是金人的主要敌人。金人曾误以为南宋北伐之师都是岳家军,北方豪杰也假借岳飞的声威抗金。这些都可以反映岳飞的影响之大。

宗弼与宋高宗、秦桧订立和约,使南宋称臣于金,输纳岁币。金宋东以淮水、西以大散关（今陕西宝鸡西南）为界，划淮而治，形成了南北对峙的局面，此即绍兴和议。

宗弼的结局和岳飞有天壤之别。宗弼也是金朝的主战派，皇帝把他当作一位极为难得的军事统帅与重要宰执，公元1149年他病死后，赐谥忠烈，给他极高的荣誉。南宋关于宗弼的记载，虽然喜欢强调他的失败，却并没有显示他在战略或战术上有大错，反而记录了一些感人事迹，例如他每战都亲临督战，在矢石交集中，指挥三军，意气自若，不像南宋大将出兵，身在战场数百里外，还自诩为持重。最终，宗弼东西奔驰，纵横南北，以一人之能，力敌南宋六将（刘光世、韩世忠、张俊、岳飞中兴四将及吴玠吴璘兄弟），连连大破南宋名将宗泽、韩世忠，平定中原，追击南宋皇帝赵构，逼迫宋人求和，手造和约，确立金朝不可撼动的东亚第一强国地位。

现在，女真族的后裔满族，对这位一代英雄是颇为怀念和敬仰的。汉族的民间文学和戏剧反映了对女真族的敌视，因此竭力贬低宗弼的成就和地位。然而就女真民族的观点来看，完颜宗弼是他们传说中的大英雄。松花江下游的赫哲族一直流传着宗弼的故事，若干细节和《精忠岳传》相似，不过采取的是金国的立场，极力宣扬宗弼的英雄事迹。宗弼在东北满族的心目中，是超过所有金代君主和将相的英雄。实际上，世界历史上，一国之中存在不同民族政权的例子不可胜数，宋、金战争，就是中华民族的兄弟之争。岳飞是民族英雄，完颜宗弼自然也是民族英雄。没有必要为了民族团结而否认岳飞民族英雄的地位，也不能处于狭隘落后的历史观将宗弼妖魔化。

◎ 小尧舜——完颜雍

鸾凤两分离

完颜雍,太祖完颜阿骨打的孙子,金帝国第四任皇帝海陵王完颜亮的从弟,后来的金世宗。生母李氏是渤海人,汉化很深。完颜雍幼年丧父,在他十六七岁时,就开始参加金军对宋的战争。开始在名将宗弼手下为将,完颜雍不同于其他女真贵族的是,他不仅骁勇善战,还善使用谋略。金熙宗时任兵部尚书。海陵王时,任东京(今辽宁辽阳)留守。海陵王完颜亮杀戮宗室,对完颜雍也很不放心,经常调动他的官职。妻子乌林答氏劝完颜雍多向海陵王进献珍宝,以打消对自己的猜疑,免遭杀身之祸。完颜雍照妻子的话做了,把辽代佩刀、茶盏之类的珍宝送给海陵王。海陵王见完颜雍对他如此恭顺,认为是怕他,疑心稍解。后来,海陵王听说乌林答氏天姿国色,以人质为名,召她入京。乌林答氏对完颜雍说:"我若不去,他必然会加害于你,我自有办法,既不连累你,又不辱我的清名。"遂起身赴京,行至离燕京70里的良乡,投水自杀而死。完颜雍后来在位的29年间,一直没有再立皇后,就是因为怀念乌林答氏。

第一个定都北京的皇帝海陵王

金代皇帝完颜亮,史称海陵王。女真族,字符功,女真名迪古乃。金太祖之孙,完颜宗傒次子。皇统九年(公元1149年)完颜亮刺杀熙宗,即皇帝位,改元天德。严厉镇压反抗的宗室官员,先后诛杀女真宗室贵族以及金太宗子孙70余人，完颜宗翰子孙30余人。同时，大批起用渤海、契丹、汉人人才，以扩大政权的基础，巩固统治。天德三年（公元1151年）扩建燕京城（今北京），兴修宫室，下诏迁都。贞元元年（公元1153年）改燕京为中都，作为金朝的都城。仿中原王朝制度，设国子监以教育生员，对科举进行改革。正隆三年，征调各路军兵，准备南侵灭宋，统一中国。海陵王亲自督大军渡淮河，出庐州（今安徽合肥），命工部尚书苏保衡率水师由海道直趋临安（今浙江杭州）。十月，任东京留守的曹国公完颜雍（乌禄）发动叛变，称帝于辽阳。海陵王继续南进。苏保衡所领的水师行至胶西陈家岛时，遭到南宋将领李宝水师的突然袭击，几乎全军覆没。十一月，完颜亮所率大军在采石矶希图渡过长江，为宋虞允文所败。他于是率兵还和州（今安徽和县），扬州，计划从瓜洲（今江苏扬州南）渡江。先一日，军中发生叛变，海陵王被军将元宜等杀死。

公元1161年9月，海陵王率军大举攻宋。同年10月，海陵王部下完颜福寿等在南下攻宋途中，自行返回辽阳，于10月8日拥立完颜雍为帝，改年号为"大定"，遥降海陵王为王，海陵王仍然一意孤行，坚持灭宋后再来解决完颜雍。

完颜雍虽然顺利地即了位，但他即位后的金朝政局并不稳定。境内，各族人民的起义不断。女真、契丹和奚三个民族纷纷开展反金斗争，动摇着金朝的统治。

境外，与南宋的战争正处于失利的局面。海陵王的伐宋，遭虞允文的有力打击，在采石矶大败，海陵王也因此被耶律元宜等乱兵杀死。

白马书生虞允文

抗金名臣，字彬甫，仁寿（今属四川）人。绍兴三十一年（公元1161年），金海陵王完颜亮统率金军主力越过淮河，进逼长江。两淮前线宋军溃败，金军如入无人之境。虞允文时任督视江淮军马府参谋军事，被派往采石（今属安徽马鞍山市）犒师，正值金海陵王大军谋由采石渡江。虞允文见形势危急，毅然把散处沿江无所统辖的军队，迅速组织起来，挫败金军渡江南侵的计划，赢得了采石大捷。金海陵王移兵扬州，虞允文又赶赴镇江府（今江苏镇江）阻截，金军北撤。虞允文的报国事迹广为传颂，名留青史。毛泽东亦曾在《续通鉴纪事本末》批道"伟哉虞公，千古一人"，虞公即虞允文。虞允文曾为唐书及五代史加注，并著有诗文十卷，经筵春秋讲义三卷、奏议二十二卷、内外志十五卷，传颂于世。

完颜雍就是在这种危机四伏的情况下即位的。他即位后面临的首要任务就是如何稳定政局。他积极平息契丹和奚人的叛乱。尤其是契丹人移剌窝斡领导的起义，这是金朝历史上最大的一次起义，一次几乎影响了金朝国势的起义，严重威胁着完颜雍的统治。完颜雍先派移剌扎八去招降起义军，结果扎八见窝斡势盛，反而参加了起义军。完颜雍忙派兵去镇压，派去的兵都被窝斡起义军打得大败。

沙漠民族——库莫奚

我国历史上的北方少数民族，最早的奚人居于"松漠"，自称为库莫奚（库莫，沙子的意思）。奚人善于造车并以此著称。奚族属东胡鲜卑族一支，隋唐时活动在今西拉木伦河上游一带（古时称饶乐水）。奚人以游猎、畜牧为主，兼营少量农业。唐时，奚族人曾被册封为王，还有少数人在唐政权及地方上作过官并立有战功。唐末时，有部分奚人西徙妫（音 gui））州（即今河北省怀来县），史称西奚。余部称为东奚。

奚人很善于造车，史称"奚车"。奚车是他们游牧的重要交通工具和生产工具，所以"马是人的足，车是家的脚"，这对于游牧民族来说是非常有道理的。另外，奚人多居山林，有着取之不尽的造车材料。当时的奚车，不但供给自己用，还大量供给契丹。这在奚人那里，似乎成了一

第三章 海青鸟的传奇
——完颜氏族

种专门的手工行业了。奚人往往以车为栏，人居其间。奚车除广泛用于牧业生产，战时也用于运载辎重。奚车大都用牛挽之，北宋吴奎使辽，曾亲见奚车，有"奚车一人驾，朝马二人骑"的诗句。另一位使辽的沈括则记载："奚车不能任重而利于行山"。

完颜雍于是改变了完颜亮一味剿杀的政策，而是剿抚并用。他起用了很多契丹和奚族的官员，对起义军进行分化瓦解，对投降的起义者给以重赏，对不肯归顺的坚决剿杀，以此孤立窝斡一人，很快窝斡被人出卖遇害，完颜雍把窝斡枭首于市，而且把他的手足砍下来，分悬于各个京府。起义失败了。金境内的人民起义暂时平息了。

随后完颜雍把都城迁到中都。完颜亮最初迁都中都时，遭到女真保守势力的反对，不得已大杀宗室贵族，结果最后殒命。金的旧都上京（会宁府，在今黑龙江阿城县南白城），完颜雍即位后，多数大臣建议他还都上京。从当时形势看，上京偏于一隅，对于已进入中原地区的金政权来说，不利于控制全国；况且那里的女真旧贵族的势力太大，不利于中央集权。因此，完颜雍毅然决定以中都为都城。

完颜雍对于原来反对过他而有才能的人，不计前怨，仍然重用。海陵王时的大都督纥石烈志宁，很有才干，在完颜雍即位前，曾准备去攻打完颜雍。完颜雍即位后，派使者争取他们归附，志宁不但不肯归顺，还先后杀死使者九人。完颜雍后来不但没有加罪于他，还委以重任。海陵王时的东京路转运使张玄素，曾在海陵王面前告过完颜雍的状。完颜雍即位后，张玄素去见他，完颜雍见他很有才能。对过去的事一切不问，反而升任他为户部尚书。完颜雍不计前怨的任人政策，使得女真贵族和海陵王手下的官员，纷纷前来投奔，最高统治集团很快就稳定了。

南北讲和

海陵王伐宋自取灭亡后，完颜雍有鉴于此，加上当时主要精力用于对付契丹人起义，所以对南宋采取守势。即位不久，便着手创造与南宋议和的条件，声明南侵是完颜亮的错误，希望能重新按照绍兴和约行事。但南宋由于击退海陵王的进兵，朝中的抗战派力量遽升。一味妥协的宋高宗传位给宋太祖的七世孙赵昚（shèn），即宋孝宗。宋孝宗血气方刚，欲意恢复中原，下令张浚北伐，分道出兵攻金。宋军初战告捷，恢复宿州（今安徽宿县）。可是，当时的南宋内部不能精诚合作，金国从河南调集了兵力反攻，很快占领了宿州，宋军又在符离溃败。朝中以宰相汤思退为首的主和派又大肆活动，主张议和。汤思退甚至派人去金朝，暗示金出兵两淮，以迫和议。宋孝宗在主和派的压力下，只好同意与金议和，是为隆兴和议。

完颜雍起初对南宋的军事行动保持克制，不予以还击。此时已经平息了契丹人的起义，重新对南宋采取强硬态度，击退了宋孝宗的隆兴北伐后，议和的过程中，金宋双方各陈武力，讨价还价。不过完颜雍在和约上做出了让步，改宋向金称臣为称叔，而且将岁贡改称岁币，并减少了10万，但割去了秦商的土地。对于后来南宋一直要求的改变宋朝皇帝接受金国国书的礼节和河南土地的要求，金世宗却不肯让步，隆兴和议之后，金宋之间四十多年没有发生大的战争。减去了战争的负担和繁重的兵役，金朝的经济迅速恢复和发展起来。

金朝自建国以来，一直是在不断地改革中发展的，其中以海陵王的改革措施最为显著。尽管完颜雍是以反海陵王而即位的，但在改革的问题上，应当说他是同海陵王一致的，而且有所发展。这是历史发展的必然，也是巩固统治的需要。完颜雍在稳定政局以后，采取了一系列有成效的改革措施。

在完颜雍的各项改革中，首推吏治改革。他任人唯贤唯才，不重资历。有一次，完颜雍去上京，一路所经州郡，都征发众多的民夫，大修桥梁驰道，以博得完颜雍的欢心。唯独同知北京（今辽宁凌源西）留守刘焕，只派少量的人把道路修得平整些。完颜雍认为刘焕做得好，就升他为辽东路转运使。正是由于他以政绩好坏来选拔升迁官吏，因此，在他统治期间，出现了一批政治上有作为、正直清廉的官吏。

在改革吏治的同时，完颜雍在官制、法制方面，也进行了改革，并进一步发展了科举制。完颜雍对臣下说："制定法律条文，不要只局限于按照旧律，而且一些条文还很难让人看懂。历代的法律都在不断地修订、补充。文化低的百姓，常因不懂法律而违法。如果对那些难懂的条文，加以删改，让百姓一看就明白，不是更好吗？应当修订法律，务必让大家明了。"大定年间，金朝的法律经过修订，更加完善了。完颜雍重视通过科举选拔人才。他初即位时，有人提出要罢科举，完颜雍就召张浩来商议，问张浩说："自古帝王有不用文学之士的吗？"张浩回答说："有。"完颜雍又问："谁呀？"张浩说："秦始皇。"完颜雍看看左右的大臣说："怎么可以让我成为秦始皇那样的人呢！"这样一来，科举制不仅没有罢，反而进一步发展了。完颜雍尤其注意培养女真贵族子弟，他派人把《论语》《孟子》《老子》等，都译成女真文字，供女真贵族子弟学习。他还挑选猛安谋克良家子弟，让他们在地方的学校学习，共有三千多人。大定十一年（1171），创设女真进士科。两年以后，又创设女真国子学，在各路设女真府学，聘请新科进士为教授。对女真贵族子弟承袭猛安、谋克的职位，完颜雍要求他们到要学会一种文字，即女真、契丹或汉字。这样，在大定年间，女真贵族的文化水平，大大提高了。科举制的发展，为金朝政府广招人才了，进一步充实了统治集团。

金代两朝首相张浩

本姓高,渤海一带的望族,曾祖张霸仕辽,任辽金吾卫上将军,改姓张,祖父张祁,父张行愿。自荐于金太祖,被任命承应御前文字。金太宗完颜晟天会八年(公元1130年),赐进士,为秘书郎,主持修建东京辽阳府(今辽宁辽阳)皇宫。天眷二年(1139年),参与订立各种礼仪。

皇统九年(公元1149年)十二月九日,金海陵王完颜亮杀金熙宗自立,天德元年(公元1150年),为户部尚书、参知政事。天德三年(公元1151年)主持燕京都城的营建工作,周围九里三十步。仿汉人都城宫室制度。城正门称"宣阳门","中门绘龙,两偏绘凤,用金钉钉之,中门惟车驾出入乃开,两偏分双单日开一门。"贞元元年(公元1153年),海陵王定都燕京,"以燕乃列国之名,不当为京师号,遂改为中都。"《金史》说海陵王对张浩"用之厚,遇之薄"。完颜雍杀海陵王即位,张浩上表称贺。大定二年(公元1162年),拜太师、尚书令,封南阳郡王。大定三年(公元1163年),病死。

完颜雍的这些改革措施,取得了明显的成效。大定年间,金朝的政治由混乱逐步转为稳定、清明。北宋末及金初,北方人口大大减少,至完颜雍初年恢复到三百余万户,到完颜雍末年已增到六百七十多万户。在中都、河北、河东、山东一带,已是"人稠地窄,寸土悉垦"。

金世宗也有他的局限性。比如他瞧不起自己有渤海血统的儿子,但他自己就有渤海血统。对待北边的蒙古,金世宗认为是心腹之患,他经常派兵去"减丁",就是屠杀一部分精壮的男子,结果金和蒙古结下了世仇。他还坚持歧视契丹人的政策,为日后蒙古军南侵时,大批契丹人投奔蒙古埋下伏笔。

完颜雍于大定二十九年(公元1189年)元月二十四日病死于中都,享年六十七岁,死后葬于大房山兴陵。完颜雍年轻时博读史书,熟悉汉家皇帝的统治思想。鉴于海陵行暴政的失败，称帝后的完颜雍是以儒家的"仁政"思想来治世的。他对臣下说："前代的君主，享受富贵，不知道耕作艰难的人很多。他们失去天下，都是因为这个原因。"他还说："辽朝的君主听到民间缺粮食，就说为什么他们不吃腊肉呢？这是因为他自幼没有老师教导他懂得俭朴，等到即位，也就不知民间疾苦了。"完颜雍的政绩，使他赢得了美誉，南宋的朱熹称他为"小尧舜"，颂他有"汉文景风"，说他统治时期"号为小康"。他不像前任海陵王和继任的章宗那样全盘汉化，主张在汲取汉族文化的同时，保留自己的民族特点。在这一点上，元世祖和清太宗都比较赞赏他。后来清太宗在称汗后，改国号为清之前，就受到手下汉官的提醒，让他效法金世宗。清一代的皇帝，都很推崇他。客观地分析完颜雍在位时的所作所为，他是称得上我国封建社会里一位杰出的政治家。

◎ 着寿衣而战——完颜陈和尚

大昌原忠孝军

完颜陈和尚，原名彝，字良佐，是金朝宗室，小字"陈和尚"，史料中多呼其小字。丰州人（今呼和浩特东），父完颜乞哥，在与宋朝的战争中，战死于嘉陵江。

辽、金、元，这三个北方少数民族建立的政权，一个比一个强悍。金曾对蒙古诸部进行过残酷的剿杀，杀死过成吉思汗的两个祖先，成吉思汗在统一草原各部落后，很快就攻入中原。陈和尚二十余岁时，曾被蒙古军俘虏,供役于蒙古大帅帐下。其母亲居丰州,由族兄完颜斜烈奉养。一年后,陈和尚以省母为由请还丰州,大帅同意,但遣一军卒同至丰州以监视陈和尚。陈和尚与兄斜烈劫杀监卒,夺马十余匹,奉母南逃归金。后被蒙古兵发觉,合骑追击。他们弃马走小路。母亲因年事已高不能行走,兄弟二人便载母亲以鹿角车,兄弟共挽,南渡黄河归金。金宣宗闻知,授完颜斜烈为都统,完颜陈和尚为试补护卫,陈和尚极聪慧,爱好文史,有秀才之誉。

不久,完颜斜烈出任行寿(今安徽凤台)、泗(今江苏盱眙西北)元帅,陈和尚相随,征太原王渥(字仲泽)为幕僚。王渥为一时文豪,与金末名儒雷渊、李献能比肩。王渥教陈和尚《孝经》《论语》《春秋》《左氏传》。军中无事,陈和尚则在窗下作牛毛小楷,如一书生。

正大二年(公元1225年),完颜斜烈罢帅改任总领,陈和尚随兄屯守方城(今属河南)。斜烈卧病,军中事由陈和尚代掌,将领李太和与方城镇防军将葛宜翁发生斗殴事件,诉于陈和尚。陈和尚命他们各自申述,葛宜翁理屈,陈和尚令军士杖之。葛宜翁平日性格暴躁凶悍,此次理屈受杖,深感受辱,回家后竟郁郁而死。遗言要妻子为他报仇。他妻子上诉台省,告陈和尚泄私忿杀其夫,并且在龙津桥南堆上柴薪,称不治罪陈和尚则自焚以谢夫。台谏官怀疑他曾在禁卫,又握兵权,一定横恣违法出了人命,于是将陈和尚下狱了,准备判死刑,但是证据不足,所以也一直不能决断。陈和尚在狱中十八个月,聚书而读,坦然处之。后来完颜斜烈死了,金哀宗因为斜烈死了,派人至狱中赦陈和尚时,令其为金朝建功立业。

正大四年(公元1227年)陈和尚转任忠孝军统领。忠孝军是由回纥、乃蛮、羌、浑以及中原人组成,情况复杂较为难制,但战斗力很强,这是因为这些人大多来源于被蒙古军俘虏逃归的中原各族人民,多与蒙古人有深仇大恨,抵抗蒙古人很坚决,尤其厌恶投降,甚至金朝后期与

第三章 海青鸟的传奇
——完颜氏族

蒙古的议和都被他们屡次阻挠。

陈和尚治理有方,每战必先冲锋陷阵,忠孝军皆俯首听命。所过州县,秋毫无犯,是一支劲旅。正大五年(公元1228年),蒙古军开国名将赤老温进攻陕西,发动庆阳之战(庆阳位于甘肃省东部,俗称"陇东"),为断绝庆阳粮道,进攻大昌原(庆阳南部地区),金军总帅完颜合达问谁可为前锋,陈和尚应声而出。众人发现他早已沐浴完毕,更换寿服,如同赴死之人,擐甲上马不再回头,誓决一死战,率忠孝军四百骑力战,破蒙古兵八千之众,三军将士奋勇参战,取得了大昌原之捷,这是金蒙战争以来,金朝在正面交锋中获得的首次大胜。陈和尚论功第一,授定远大将军、平凉府判官,世袭谋克,一时名震朝野。陈和尚和他率领的忠孝军为朝廷所倚重。

忠孝军之所以能取得胜利,主要原因是陈和尚恢复了金初女真骑兵的精神面貌和战术。金初女真骑兵的特点是骑兵,装备重甲,作战坚忍,长于弓矢。当女真骑兵与敌交锋一个回合失败后,即利用战骑的机动性退出战斗,重整队形,连续冲锋。在著名的仙人关、郾城、颍昌等战役中,宋金两军都是打了数十回合,才分出胜负。女真骑兵在甲胄和兵器负荷很重的状况下,可以屡败屡战,连续作战,是其有别于辽和西夏骑兵的很大优点。所谓的四百骑破八千,不仅是运气,而是忠孝军四百人坚忍无比,舍命向蒙古军发动连续冲锋,最终获得的胜利。

正大七年(公元1230年),蒙古窝阔台汗因为蒙古军在陕西作战失利,意识到金朝尚有人才,于是决意亲自领兵南侵。窝阔台派遣蒙古万夫长史天泽等率领河北蒙宋联军围攻卫州金朝大将武仙。金哀宗调遣完颜合达、移剌蒲阿领兵十万救卫州。完颜陈和尚率忠孝军及亲卫军等三千人作先锋出击,大败蒙古兵。卫州之围遂解。此仗,陈和尚的忠孝军又立首功。

蒙古大将赤老温

赤老温,又称齐拉衮,蒙古"四骏"之一,以骁勇善战著称。在少年成吉思汗被泰亦赤兀族追击之际掩护其脱险,获得信任。子孙为元朝四大名族之一,极尽权势。他原附属于泰赤乌部,归附铁木真后,随从参加统一蒙古各部的战争。曾与博尔术等一起,配合克烈部,击败乃蛮部曲薛吾军。因作战勇敢,铁木真赐号把阿秃儿(勇士)。宋开禧二年(1206)蒙古国建立时,与父同掌一千户,代父领军,统领薛凉格河(色楞格河)地区。与博尔术、木华黎、博尔忽并称掇里班·曲律(蒙古语,意为四杰),世任怯薛(护卫军)之长,为十大功臣之一。并世袭答剌罕之号,享有九次犯罪不罚的特权。

金朝所依仗者唯黄河与完颜合达

金朝大将,名瞻,字景山。少长于军中,骁勇善战,为人重义轻财。贞佑初,充护卫。转临潢府推官,权元帅右监军,固守平州。元军围平州,合达因孤立无援降元。贞佑四年(公元1216年),率部内迁归金,授镇南军节度使,驻益都。兴定间,转知延安府,连败宋军于默林关、马岭堡、麻城,又击败夏人于安塞堡、隆州。元光初,授参知政事,行省于京兆,世袭谋克。平定鄜州张子政叛乱,全凤翔,克复河中。正大四年(公元1227年),进平章政事,封芮国公。不久奉诏援卫州,解元军围卫州;转行省事于閺乡,防御潼关。八年,弃关中退入河南。九年,与元军战三峰山,败走钧州。同年战死钧州。合达善治军能与下同甘苦,遇敌则身先士卒,多得人心,有良将之称。蒙古人曾说:金朝所依仗者唯黄河与完颜合达。

正大八年(公元1231年)正月,蒙古名将速不台军攻破小关,金潼关总帅纳合买住领兵拒战,求援于行省。行省以陈和尚等一万余人往援。速不台派四万人伐木开山,准备穿山进入潼关之内,在倒回谷(陕西蓝田西南）与陈和尚的援军相遇，蒙古军大败，损失兵马在万人以上，陈和尚追至山口而还，是为倒回谷之战。大捷之后，金廷群情振奋，有人竟然要求金廷孤注一掷与蒙古大军决战。蒙古方面，这是速不台横行欧亚以来，第一次吃败仗，窝阔台准备加罪速不台，拖雷好不容易才劝止，由此可见这场战役的影响之大。

风雪三峰山

这四五年间，陈和尚屡立军功，官至御侮中郎将。陈和尚为人刚直不阿，他的上级副枢密使移剌蒲阿虽为金军统帅，但无远谋。经常率兵到附近蒙古军占领地抢掠人口、牲畜。陈和尚私下与同僚说："移剌蒲阿以大将军之位不去谋划大局以救亡图存，整天做这些贼盗之事，今日得俘虏三百，明日得牛羊一二千，来回奔波，把士卒累得半死。朝廷花费数年所积累的力量，总有一天会毁灭在他的手里。"有人将此事秘告移剌蒲阿。一天诸将酒会，酒行至陈和尚，移剌蒲阿故意问："听说你曾经在背后议论我，又说国家和军队会败坏在我的手里，有这回事吗？"陈和尚饮毕，慢慢说："有。"蒲阿见他面无惧色，毫不惊慌，只得说："算了吧，以后有意见就当面说。"

由于前面战役的这些胜利，金朝开始高估自己的力量，冀望通过一场大战翻盘。天兴元年（公元1232年）完颜合达、移剌蒲阿准备与蒙古军进行决战，遂调集各路精锐，云集邓州（今河南邓县），总兵力在二十万以上，将领完颜陈和尚、武仙、杨沃衍、张惠、按得木均是金抗蒙的名将。但蒙古军统帅拖雷采取了声东击西，避实就虚的战略，避开金军主力，分道攻打金朝皇帝行都开封，沿途烧夺所过州县积聚的粮草，以免被回援的金军所用。

见皇帝危急，完颜合达、移剌蒲阿率领骑兵二万，步兵十三万，北上奔赴开封，时为金正大九年（公元1232年）正月初二日。金军一直希望的决战时刻就要到了，但主动权已被蒙古军掌握。

金军在北上的同时，沿途不断受到拖雷小股骑兵的骚扰，由于主帅不知是计，金军将士一路作战，疲惫不堪。当时陈和尚领兵与他们会合后，就当面斥责这两位主帅带军不利，被人家牵着鼻子走。

但为时已晚，拖雷合兵，并在钧州西南的三峰山附近，以大树堵塞金军进路，准备在此收网。金军见进路堵塞，遂下令破围，金大将杨沃衍奋勇血战，打开一条出路，而陈和尚乘机占领了三峰山山头，金军的先头部队离钧州只有十余里。可惜金军在此遇到大雪，天气奇冷，军士三日未食，披甲僵立在雪中，如同石头人。他们的枪槊都被冰霜粘附，冻结得如屋椽那么粗，全无杀伤力。面对寒冷，蒙古军杀牛，人钻到牛肚子里取暖，所以没有受到寒气的侵害。

此时蒙古军趁势合围，燃薪煮肉，各部轮番休息，轮番进攻，金军损失惨重。最后，就在金军难以支持之时，蒙军突然让开了一条路通往钧州，放金军北走，金军各部争相夺路，自顾逃生，蒙军乘势夹攻，十余万金军全线崩溃。移剌蒲阿被擒，完颜合达与完颜陈和尚率金军残部数百骑败入钧州（今河南禹县）。

大势已去，不久蒙古军攻入钧州。金军顽强进行巷战，完颜合达战死，最后全军覆没。陈和尚则躲藏了起来，等到蒙古军杀掠完了，自己从避隐处走出，对蒙古军说："我是金国大将，要见你们的大帅。"蒙古军以为他要投降，就故意羞辱他，命令骑兵左右夹着拖到主帅帐前。蒙古主帅问他是谁。他大声说："我就是大金忠孝军统制完颜彝！在大昌原打败你们的是我，在卫州城打败你们的是我，在倒回谷打败你们的还是我！我如果死在乱军之中，别人会以为我背叛国家，今天我死在你面前也算死得轰轰烈烈不愧忠臣！"陈和尚宁死不屈，蒙古主帅命令将他一节一节斫足折胫，然后豁口至耳，陈和尚喷血而呼，至死不绝。时年41

岁。蒙古主帅也被这种悲壮的情景所感动，隆重地埋葬了他，并以马奶祭祀，说："好男儿，他日重生，当要与我做伴！"

统帅完颜陈和尚战死后，金国也即将覆亡，残余的几百名忠孝军仍然坚持抗战，成为金军的核心力量，再次将速不台击败于豪州，在归德之战中赶三千五百蒙古军下水淹死。公元1234年，金朝灭亡，忠孝军无一降将降卒。

完颜氏的历史名人

完颜氏最盛在金朝，前后共有十位皇帝，金太祖完颜旻（阿骨打）；第三、四、五位皇帝是太祖系的三个堂兄弟；太祖长子宗干之子完颜亮弑君登基，完颜亮亦未得善终，死后无庙号，习称海陵王；完颜雍登基，为金世宗。完颜亮、完颜雍时期，金朝渐入佳境。金第九帝金哀宗时金朝风雨飘摇，金哀宗完颜守礼，为了取保住祖宗基业之意，改名为"守绪"。公元1234年，宋蒙联军围攻蔡州，金朝灭亡前夕，完颜守绪传位于族弟完颜乘麟。完颜乘麟仅当半日皇帝即死于乱军之中，为金末帝——第十帝。

金代以来，因战争而动、而迁的金宗室后裔完颜女真人以家族群聚式定居并成当地望族的地区有：安徽肥东、福建泉州、台湾彰化、甘肃泾川。从金代起，未东归的女真人多保留着自己的民族之别。目前，安徽、福建、台湾的完、苑、粘姓者，经查证都是金代女真宗室的完颜氏后裔。而金朝灭亡以后，完颜守祥东归，其后世子孙得到后金（清）的认可，纳入镶黄旗满洲。今日完颜氏多改汉姓为王或汪。

第四章 铁马秋风大散关——隆德吴氏

吴氏始祖是周太王的儿子泰伯。据传，周太王的第三子季历的儿子姬昌（即后来的周文王），有超人的才能，很受周太王的赏识和宠爱，泰伯和二弟仲雍为了能让帝位顺利传至姬昌，主动放弃了皇位继承权，出逃至东吴荆蛮之地，荆蛮人为他们的义举所感动，纷纷前来投靠，拥立泰伯为领袖，建立了吴国。泰伯无子，死后就由仲雍继位，以后仲雍的子孙世代相传。公元前585年，仲雍之十九代孙寿梦正式称王。公元前473年，吴王夫差被越王勾践打败，吴国灭亡。吴国子孙在逃亡之际，为怀念故国，遂以国为姓，即吴氏。

宋朝吴玠、吴璘兄弟镇守西北要地，多次打退金人的入侵。吴玠、吴璘之名，金人闻之丧胆。金人久觊觎四川，因有吴玠身当其冲，金人终没如愿。蜀人建立《吴武顺王璘安民保蜀定功同德之碑》，纪念吴璘的不朽功德。

代表人物： 吴玠 吴璘
对政局影响： 镇守宋朝西北，使金兵不能入川。吴家军与岳家军齐名。
溯本追源： 甘肃乡兵出身
家族兴衰： 吴玠兄弟皆为忠臣，可惜将不过三代，吴璘、孙吴曦投靠金国，吴家声名尽毁。
后世遗踪： 吴氏后裔，虽经吴曦叛乱之害，但仍颇为兴旺发达，家门鼎盛不衰。

◎ 西北望长安——吴玠

泾原军

吴玠,字晋卿,德顺军陇干(今甘肃静宁)人,后移居水洛(今甘肃庄浪)。史载他的出身是很低微的,父亲是一个乡兵,又称寨卒,相当于现在的民兵。吴玠与弟吴璘长期驻守西北,这些地方本是宋夏、宋金长期交锋的地区,艰苦的环境让吴玠兄弟从小就熟习兵马战策,终以战功卓著而名垂青史。

北宋末年,吴玠从军加入泾原军,当时仅有16岁,只是区区一名弓箭手,在征西夏时因为作战勇敢升为义副尉,是不入品的下级军官。后来平定方腊时因功升为忠训郎,已是入品的低级武官。靖康年间,吴玠就在名将曲端手下当差,曲端孤傲,与吴玠关系不好,张浚杀曲端用吴玠,吴玠在对金战争中逐渐脱颖而出,被朝廷擢升为秦凤路总管,兼知凤翔府。

南宋名将曲端

曲端是南宋初年名将,曾多次击败金国大将娄室。金将撒离喝与曲端对阵时,见其军容严整,竟吓得放声大哭,撒离喝因此被金人讥为"啼哭郎君"。曲端威震敌胆、屡破强敌的一个重要原因,就是军令严明,执法如山。他任泾原路都统制时,其一叔父在其麾下任偏将,因玩忽职守而打了个败仗。曲端毫不留情地将其依法处斩,然后又跪于叔父遗体前哭祭,并亲自写了祭文,诵道:"呜呼哀哉!按军法斩杀副将的,是泾原统制；依人情祭奠叔父的，是侄儿曲端。伏惟尚飨！"

大将军张浚有一次视察曲端的营地，到了军营，空荡荡不见一个士兵，他非常恼火，就对曲端说要视察他的军队，曲端立即将所统帅的5个军的花名册递上。张浚指着花名册说我要视察第一军，曲端不慌不忙地打开笼子放出了一只信鸽，倾刻间第一军将士全副武装，飞速赶到。张浚大为震惊，又说："我要看你的全部军队。"曲端又放出四只信鸽，其余四军也奉召赶到。

公元1127年，女真金军攻占东京汴梁，北宋灭亡，中原百姓处于战乱离苦的水深火热之中。金军随后四处攻城掠地，不仅占领山东、河南一带的大片地区，而且向西北发动了进攻，陆续夺取了宋军据守的甘肃陇东、陇中大部分地方。金宋对甘肃的争夺非常激烈，金军试图通过甘肃打开南下四川的通道，灭亡南宋，而这里就是吴玠兄弟驻守的地方。

恰逢此时，南宋又遭到富平大败（参看第三章"吞辽灭宋——完颜宗弼"部分），丧师十万，失地六十州，抗金形势急转直下。吴玠和吴璘带领数千名残军败卒在大散关东面的和尚原拒敌，位于最前线。面对艰难时局，大将张浚退守四川，其他部队退保陇西。吴玠兄弟此时顿成孤军。

当时局势异常混乱，有人甚至准备把吴氏兄弟劫持到金人那邀功请赏。吴玠、吴璘兄弟临危不惧，设法稳定军心。他们召集军中将校，推心置腹地进行沟通，然后同众歃血盟誓，誓死抗敌报国，将士们为他们的爱国之心所感动，成功化解了军中的危机。吴玠对军队和地方政府进行了大规模整顿，不仅裁减冗员，还调动部队修筑城墙水渠，帮助百姓恢复生产。吴玠军先后帮助几万户失业农民恢复生产。秦凤路的老百姓知道吴军有困难，就自动给军营送粮草，而吴玠则给老百姓赠送厚礼相谢。一年后，吴玠开展大规模屯田获得了丰收，当年收获粮食达20万石，总算度过了粮荒，但这时更加严峻的考验到来了。

第四章　铁马秋风大散关
——隆德吴氏

和尚原大战

"铁马秋风大散关"是陆游赞扬吴玠一生功绩的名句，大散关是吴玠一举成名的地方，是秦中四塞之一，被称为"蜀道天险"。大散关位于宝鸡市南20公里的山岭上，大散关东边有一山岭，前仰后低，如同和尚帽状，此地便是吴玠大败兀术，巩固南宋半壁江山的四川之门户和尚原。

富平之战后，金军准备挟富平一役战胜之威，一举拿下四川，便出兵攻打和尚原。和尚原之战发生在公元1131年五月，共发生三次大的战斗。开始，两路金军准备一齐进攻吴玠军队。面对强敌，有人劝吴玠退入汉中，以避其锋。吴玠力主抵抗，慨然说："我在此地，敌不敢越我而进，保此地就是保蜀。"当即号召将士，准备迎敌。两路金军企图在和尚原会师。和尚原一带尽是山谷，路多窄隘，怪石壁立，不利于骑兵行动，金军只好弃骑步行。吴玠敏锐地捕捉到这个机会，马上分军为前后两队，先率一队突袭金兵，战至中午，双方均已疲惫，吴玠将待命休息的一队生力军投入战斗，奋力冲杀，金军不支，死伤甚众，败走数十里。此时，另一路金军方艰难跋涉而至，吴玠回师反击，这一路金军立脚未稳即遭惨败。

前两次金兵被吴玠击败后，金军统帅兀术，十分震怒，集合军队10万人进抵宝鸡一线，与吴玠夹涧对峙。宋军惊骇，吴玠遂召集将士慷慨宣布："今日是我兄弟报国之日，万一兵败，宁我兄弟先死，决不使将士先亡。"众人一听十分感动，皆愿效死力。

兀术于当年十月向驻守和尚原的宋军发动猛攻。金军采用"连珠营"的战法，先在渭水上造浮桥连通前后方，加固进攻基地，然后用骑兵冲击。面对金人重骑突击的战术，吴针对性地想出了一种"注队矢"战术，每次作战前，都要仔细挑选弓箭，再命诸将轮流举射，把这种强劲的弓箭取名为"注队矢"。这种"注队矢"能连续发射不间断,箭一射出看起来就像倾盆大雨一般,使敌人没有招架还击之力。在"注队矢"的攻击下,金军的重骑兵被迫后退。吴玠又派其弟率弓弩手3千人设伏于和尚原,就在金兵后退、士气松懈的时刻,宋军乘夜袭敌,截断金军粮草输运通道,金兵大败而逃。兀术身中两箭。此次金兵损失巨大,吴玠俘获金军头目300余人,甲士800余人,缴获器甲数以万计,这也是兀术率军进攻中原以来遭受的首次大败,吴玠因功升镇西军节度使。

血战仙人关

仙人关,是古代甘肃通往四川的重要关隘之一,大体位置在甘肃徽县虞关乡西南5公里处。和尚原取胜后,宋军对防御范围进行了调整,吴玠率军就驻扎在仙人关。

1134年(绍兴四年),兀术率领10万人马,分三路进犯,当时自兀术以下,都带着妻子儿女,准备胜利后长住四川,可见此战他们下了最大的决心一定要取得胜利。金兵攻破和尚原,转趋仙人关。此次金军有备而来,不仅军事物资充足,而且在战术上也作了充分的谋划。因而,金兵的进攻异常凶猛,宋军形势岌岌可危。率军前来增援的吴璘同金兵转战七昼夜才抵达。金兵先后用多种方式攻城,吴玠兄弟据险死守,楼斜了,就用绳子系住拉正。金兵用火攻楼,以酒扑灭之,金军始终不能破入。双方死伤惨重,而战死的士卒则成堆,尽管如此,金兵依然踩着死尸不停地进攻。由于众寡悬殊,宋军多次面临溃败的形势。危急关头,吴玠拿出刀对宋军将士说:"死就死在这里,如果有后退的立斩。"就这样才算稳住了局面。吴玠乘金军疲惫,率诸将反击,军分紫、白两旗,猝然杀入金营,他们手持大刀大斧,猛冲猛杀,金阵大乱,开始溃退。同时吴玠又在四面山上点燃大火,敲响进攻的鼓号,以为疑兵。一时间

第四章 铁马秋风大散关
——隆德吴氏

山鸣鼓应，金兵以为宋军大队人马杀来，惶恐不安。就在金军惊疑不定的时候，宋军分两队手持紫白两色旗帜，冲入金营，金兵终于溃退。吴玠又乘胜督军奋击，同时暗遣王浚断敌归路，遂大败金军，兀术也只好连夜逃跑了。

仙人关大战，吴玠成功地粉碎了女真妄图南下蜀川、云贵而一举灭亡南宋的战略构想，挫败金兵攻占西北川陕一线的锋芒，造成宋、金对峙的局面，直到金朝灭亡金兵也没有能够进入四川。吴玠因屡败金军，声威大震，名扬陇蜀，朝廷下诏拜授吴玠为检校少师，任命为川陕宣抚使，"保川陕百十六州"之地"屹为长城"，在抗金斗争中与岳飞齐名，英雄惜英雄，史书上记载岳飞"素与吴玠善"，也只有岳飞的战功能与吴玠相比。

宋高宗绍兴九年（1139年）六月，由于长期的操劳，吴玠病逝于仙人关军营中，年仅47岁。宋高宗罢朝三日，举国哀悼。后追封为涪王，谥号"武安"。关于吴玠的死因，《宋史》卷三六六《吴玠传》以为"晚节颇多嗜欲，使人渔色于成都。喜饵丹石，故得咯血疾以死"，意思是他因好色而亡，吴玠佩服岳飞，在这个问题上竟然也将心比心，不远千里送了几个美女给岳飞，可惜岳飞又给他送回来了。吴玠一生战西夏、征方腊、抗金军、首创银会子（中国纸币的雏形），但最终还是没有能力挽救南宋王朝于既倒，这是他的悲剧，但他的名字却永远留在了百姓的记忆深处，"得民心则得天下"，从吴玠兄弟的崛起中也显示了民心的巨大力量。吴玠的抗金斗争能取得胜利其原因是多方面的，关键之处是有川陕之地雄厚的财力支持，也有当地民众的支持。

吴玠首创银会子

吴玠创行的银会子，是中国乃至世界上最早代表银的纸币，这是中国最早的银本位制。吴玠在和尚原打败金兀术部队后和弟弟吴璘镇守和尚原，军饷不继，为了解决困难，吴玠遂创行银会子代发军饷。吴玠以钱为单位，分一钱和半钱两种，每年换发一次。发行一钱银会子有 40 万张，半钱银会子有 1 万张，同时与"钱引"一惯，发行总额为 14 万 5 千钱，仅在军中发行，流行于陕西甘肃等军中。

吴玠病逝后，银会子实行了一次改革，在陕西重新制造，1168 年增发一钱的银会子 3 万张；每两年发行 61 万张。银会子的发行，便利了川陕甘三地的贸易来往，克服了铁钱和银锭的携带不便。吴玠创造的银会子数量少，前后流行 30 多年，使用地区局限于军中，但它却是世界上最早代表银的纸币。

◎ 古之名将——吴璘

垒阵法

吴璘，字唐卿，德顺军陇干（今甘肃静宁）人吴玠。吴璘少好骑射，善读兵书，经常随兄参加攻战，表现英勇果敢。在宋金长期的对峙中，他力主抗金，反对求和。在西部战场上，一直置身于战争的第一线，屡破金军，战功显赫，名扬巴蜀，成为川陕地区、乃至大西北边防要塞抗御金兵入侵的重要支柱。

建炎三年（公元 1129 年），吴璘与兄长吴玠同时被陕西宣抚处置使张浚所赏识。此后兄弟二人并肩作战，同受升赏。仙人关一战，吴璘在战前给吴玠的信中提醒吴玠仙人关地势不利防守，必须加筑工事，而且筑一道不保险，最好加筑二道工事，后来的战斗就多亏了这些工事，可见他的先见之明。

第四章　铁马秋风大散关
——隆德吴氏

兄吴玠去世以后,宋朝中央害怕吴氏在四川的势力尾大不掉,没有让吴璘接过兄长的旗帜,而是另外派了一个叫胡世将的文官来全面主持川陕的工作。胡世将非常明智,他来到四川上任第一天,就对大家说,我不会骑马,不会射箭,不熟悉边防事务,之所以来这里,是因为国家惯例,以文臣领武将,以后军事上的事全按吴宣抚(吴玠)在时的规矩办,我不懂的各位教我,各位有什么困难我一定尽自己能力上报中央,帮助解决。众人大喜,一齐拜谢而归。

这时,金人内部发生派别争斗,无力南下。而宋朝内部也开始苟且度日。完全丧失了金兵大军压境时的那种敢于抵抗的勇气和决心,宋军军备日渐松懈。对于这种局面,吴璘更加警惕,他认为金人侵宋之心始终不改,一旦金兵再次进攻,那就是生死存亡的关键时刻。果然,局势的变化被他言中了。

绍兴九年秋(公元1140年),宋金议和成立,宋向金面北称臣,输贡银25万两,纳绢25万匹;金向宋归还黄河以南和陕西地区。正当宋高宗和奸相秦桧庆祝"和议"成功的时候,金统治集团发生政变,兀术执政,他是主战派,随即败盟,分兵四路对南宋发动全面进攻。金兵很快占领河南、陕西的许多州县。接着,金将撒离喝率领西部金兵,强渡黄河,攻占长安,直趋凤翔。这时,只有四川制置权宣抚司事的胡世将和吴璘驻防在河池,情况十分危急。

胡世将紧急召集各路将领商议防御办法。参谋官孙渥提出河池不可守,宜退保仙人原的意见。吴璘认为孙渥长敌人志气,灭自己威风,愤怒地说:"儒语沮军,可斩也。"并自愿"请以百口保破敌"。在吴璘的指挥下,首战大获全胜,打击了金军的嚣张气焰,阻止了敌人的西进,挽救了全陕的危局。朝廷升吴璘为镇西军节度使,并授予侍卫步军都虞侯。吴璘在对金军的作战实践中,也总结创新了一种新战法,名叫"垒阵",专门打击敌人的骑兵冲锋队,行之有效,屡挫金军,在西北战场上发挥了重要的作用。

所谓垒阵法,即以长枪兵排坐在最前排,坐下后就不许再站起来,第二排是射程最远的强弩,第三排则是次强弩,都必须以跪姿等待敌人的进攻;最后是神箭手。待敌人距阵地百步时,神箭手先射;距70步时强弓手齐射。敌骑临阵时,长枪刺敌战马和骑手。同时,在布阵时先将骑兵以铁钩相连,在前面遮挡,等布阵完毕后,骑兵退后。战斗中如果有人受伤,就要更代,更代以鼓声为信号,这时两翼的骑兵上前掩护。完成更代后骑兵才退下,这就叫"垒阵"。

当时,金兵占领长安后,远近震惊,上下惶恐。警报传来,吴璘立即率军迎敌,几经激战,力挫金兵。为加强在陕诸军的统一指挥,他受命与胡世将共同节制陕西诸路军马。然后,吴璘约金军会战,就以垒阵法对付金军,金军望风披靡,败走扶风。吴璘又趋兵追击,破敌于扶风。金西路军主力撒离喝不甘失败,亲率主力于北通坊,列阵20里,欲阻击吴璘,璘督军猛扑,又破金军,进而收复秦州及陇右。绍兴十一年(1141年)八、九月间,吴璘又大破金军于陇州刘家圈、郯家湾、腊家城,这次战役,战果辉煌,给金人以沉重的打击。

但是,当吴璘马上就要攻破腊家城,朝廷命令撤围,宣抚使胡世将听到这个消息,知道是秦桧所主,吴璘只得照办。第二年八月,南宋割和尚原、方山原与金,使百战而后得的战略要地拱手交给了金人。随后和议达成,宋金二十年相安无事。

君臣诀别

绍兴三十一年(1161年),金主完颜亮为缓和统治集团内部的矛盾,亲率60万大军,渡淮南侵,妄图一举灭宋。仅仅用1个多月的时间,就打到长江北岸的和州(今安徽省和县),南宋朝野大为震惊。这时,吴璘

第四章 铁马秋风大散关
——隆德吴氏

已六十二岁,身染重病,被士卒们抬到了杀金坪上指挥作战。

他传檄契丹、西夏及山东、河北,声讨金人败盟之罪。布置完工作,病情加重,据史载当时每天要吃上百粒中药,不得不回家静养,朝廷急调吴璘的儿子吴挺来帮忙。当吴璘又坚持回到了仙人关时,守城者闻呼"相公来",争先观望老英雄,连箭都顾不上射了。吴璘善于激励将士,经常派人到阵前大叫"某将战不力",被呼的人一听就更加拼命。

宋金两军相持 60 余日,吴璘于是改变策略,回师转攻德顺军(静宁),初战不利,后璘亲临前敌,挥师猛攻,金军败守塞磊。这次战斗,宋军的实力有了较大的改观,宋军不仅从内地调来了援军,而且同各地的起义军遥相呼应。吴率军先后收复了秦、环、熙、兰、会、固原、静宁等十三个州,三个军。这是自北宋同西夏、金对抗以来少有的大胜利。但大好形势却再次被投降派葬送了,南宋政府下令退军,吴不得不退军。结果金军随后袭击,出征时的 3 万士兵,到最后只剩下了 7 千人。不仅大批将士牺牲,而且所收复的失地又重新被金兵所夺取。至此,秦陇各州长期处于金兵的统治之下,直至金亡。

干道元年(公元 1164 年),吴璘被召回京城,受到宋高宗厚礼款待。高宗见了吴璘,叹息到:"朕与卿,都是老君臣,以后见面的机会屈指可数了。"吴璘顿首流泪。高宗又命皇子来见吴璘。拜他为太傅,封新安郡王。临别时,吴璘与赵构告辞于德寿宫,高宗怅然解佩刀赐给吴璘。

干道三年(公元 1166 年),吴璘病逝,享年 66 岁,他留下遗表给宋孝宗:"希望陛下不要抛弃四川,不要轻言出兵。"可惜宋孝宗后面一句没有听他的,终有张浚北伐之败。

吴璘忠勇刚直,从卒伍到大将,代兄守蜀 20 余年,隐然为方面之重。比较其兄,吴璘更喜欢琢磨阵法。他在长期的戎马生涯中,对将士、人民都能保持较接近、较亲切的关系,赢得了兵民的信赖。他有两篇兵法论著。他认为金兵有四长,我有四短,在实践中要注意以我之短制彼之长。以分队制其骑兵，以轮番迭战制其坚忍、制其重甲，以劲弓强弩制其弓矢，则以远封近，以强制弱。知己知彼，才能常立于不败之地。所以，他在强敌面前，窥伺战机，灵活地运用孙膑的三驷之法，"以弱为先，强者继后"，以小败而换得大胜，以小失而获取大得。在拔将用人上，坚持在实践中选其有才能者，"兵官非尝试，难知其才"，论功行赏，量才录用，因此深孚众望，成为南宋抗金将领中当之无愧的佼佼者。

◎ 月中贵人——吴曦

叛逆之心

吴曦，吴璘之孙，吴挺之子。吴璘、吴玠兄弟均是从宋军底层成长起来的优秀将领，兄弟二人当年在四川率军民抗金，功绩显着，史载蜀人当时只知道有吴氏二位将军，却不知有宋朝廷。由此可见吴氏兄弟声名之显赫，影响之大。

南宋朝廷一直将吴氏在四川的影响当作心病，吴氏也承受着士大夫们的猜忌和攻击，连陆游这样的抗金志士，都曾说过"即使吴氏再立新功，只会更加不可驾御"。吴曦的父亲吴挺就被调离四川，直到宣抚四川的虞允文病死，宋孝宗在恢复派大臣中找不出可以统辖川陕重兵的合适人选，矢志北伐的孝宗于是不顾群臣反对，派吴挺返回四川。

伴随着父亲的黯淡仕途，长大后的吴曦就没有继承吴氏兄弟的忠勇，心中反而怀着对朝廷的隐恨。吴曦十余岁时，父亲吴挺曾询问他的志向，吴曦出言背逆不臣。吴挺大怒，用脚踢他，他正巧倒在火炉里面，面目被烧的焦黑，以后家中人都称他为"吴巴子"。

后来吴曦出塞打猎，在月亮升起时返回，偶然抬头，见月中有个人影，也骑着马，拿着鞭子，和自己的形状一般无二。便向左右询问，可见月中人影？左右都说看见了，大家所说的状貌，与吴曦所见一摸一样。吴曦因此暗喜："我命中注定大贵，月中必是我的前身了。"

吴曦对定月中的人，遂扬鞭作揖，月中人好像也扬鞭答礼，叛逆之谋愈加坚决。

开禧二年（公元1206年），为四川宣抚副使，兼陕西、河东招抚使。韩侂胄主政，准备北伐，吴曦在蜀地备战。这时，金人主动送信给吴曦，信中先极力夸奖了吴曦祖先的战绩，后说明宋朝廷其实对吴曦一直有所防范和猜忌。为此，金人举出了当年岳飞被杀的例子，并拿吴曦与岳飞相比："且看你的功劳与岳飞比较如何？岳飞之威名战功，南北皆知，可是一旦皇帝起了疑心，满门被斩，这件事情难道不是个教训吗？你与其苟且偷生，不如和我们一起完成万世不朽之业！"这话相当有力，直接道破了宋朝廷的最大死穴：从来不信任武将。吴曦终于心动了，派人密通金国，提出愿意献出阶、成、和、凤四州给金人，换取金人封他作蜀王。金人当即答应，命吴曦只需按兵不动即可。

开禧北伐

南宋宁宗时韩侂胄主持的北伐金朝的战争。宋宁宗时，韩侂胄渐掌大权，力主抗金，得到著名的抗战派辛弃疾、陆游、叶适等人的支持。宋宁宗对南宋的屈辱地位不满，也支持韩侂胄的抗金政策。开禧二年（公元1206年），身任平章军国事的韩侂胄未作充分准备，便贸然发动北伐。然金军方面早有准备，故各路宋军进攻皆以失败告终，只有镇江副都统制毕再遇连战皆捷，但也无法转变败局。金军乘胜分路南下。四川宣抚副使吴曦叛宋降金，割让关外四郡，金封吴曦为蜀王。面临这种不利局势，韩侂胄只好向金朝求和，但因金人提出要斩韩侂胄等人而未果。

开禧三年（公元1207年），吴曦之叛被平定，淮南形势也渐平稳，金大将仆散揆又病死军中，形势对宋有利。但宋廷内主和派开始阴谋活动，礼部侍郎史弥远与杨皇后、杨次山等勾结，杀死韩侂胄，宋、金罢兵议和。嘉定元年（公元1208年），宋、金订立嘉定和议。

杨巨源起事

吴曦叛变后，金军便无西顾之忧，全力部署东线战场。结果，宋军在东线接连战败，郭倬、李汝翼败于宿州（今安徽宿县）、王大节兵败蔡州（今河南汝南）、皇甫斌兵败唐州（今河南唐河）、李爽军溃寿州（今安徽凤台）等等。只有毕再遇军屡战获胜，但无补败局。

南宋大将毕再遇

毕再遇，字德卿。兖州（今山东兖州）人。父亲官至武议大夫。他以恩庇补官，隶侍卫马司。开禧二年（公元1206年），随军北伐，屡立战功，升任武功大夫。后因功历任镇江都统制兼权山东、京东招抚司事，骁卫大将军。因其勇猛过人，熟知兵略，且善于驾驭兵将，威名远扬，为南宋时著名将领。嘉定元年（公元1208年），被任为左骁卫上将军。与金通和后，屡请回归田里，均不准。六年（公元1211年），提举太平兴国公。十年（公元1217年），以武信军节度使致仕，不久卒，老样赠太尉，累赠太师。谥"忠毅"。

吴曦随后于兴州（今陕西略阳）称蜀王，准备模仿金朝风俗削发左衽，并遣部下利吉引金兵入凤州，自己统军十万沿嘉陵江而下，声言约金兵夹击襄阳。

吴曦的投降行为遭到了军民的强烈反抗。在吴曦叛变几天之后，由于吴曦叛宋降金不得人心，时任合江仓官的杨巨源与李好义图谋举义，志同道合的义士有三百人。并于二月中旬晋见随军转运使安丙，商议乘

第四章 铁马秋风大散关
——隆德吴氏

安丙三月六日邀吴曦谒庙之机,以勇士杀吴曦。安丙是吴曦父子的部属,因而被授为"伪蜀"丞相长史、权行都省事,代行丞相职权。当时许多官员或弃官而去,或公然拒受伪命。但是,安丙认为许多军官都是吴氏世将,因而采取接受任命后称病,实际上是持观望态度,以观察形势变化,再决定去留。

杨巨源又与李好义共商大计。李好义指出杨巨源与安丙商议的计划欠妥,"他出门只走别人不知的小路,随从的卫兵有千余人,这样贸然刺杀是不会成功的",应改在吴曦"熟食节(寒食节)祭东园"时杀吴曦。于是杨巨源假造圣旨,盖合江仓印,这样即使事情败露,也与安丙无关。以后又恐日久事泄,决定提前于二月的最后一天进行。李好义遂约敢勇军士李贵和与李贵关系密切的李彪、张渊、陈立、刘虎、张海等人,以及吴曦的亲卫军黄术、赵亮、吴政等低级军官及军士74人,加上李好义的弟兄李好古、李好仁、李好问,妹夫杨君玉等亲属,后又有禄祎所率军士10人,共百余人。在李好义的率领下,黎明前冲进吴曦内宫。李好义宣称是奉密诏来杀吴曦,杨巨源也骑马赶来宣布密诏。吴曦的亲卫兵遂放下武器逃走,李贵首先冲入吴曦的卧室,李贵手执其髻,举刃中吴曦之颊,但吴曦有勇力,反过来将李贵打倒在地上。李好义急忙命王换连砍吴曦腰部二斧,吴曦因痛松手,李贵遂乘机砍下吴曦首级。吴曦时年四十五岁。

此次平叛有功,李好义自成忠郎特升转承宣使,李贵特升补授武功大夫、团练使衔,杨巨源升补为朝奉郎、通判差遣,任宣抚使司参议官。李好古等无官的授官,有官的升官,并都赏赐钱物。

根本没有参加平叛,仅仅是事前与闻其事,而持观望态度的安丙,却窃据首功,升任兴州知州、利州西路安抚使兼四川宣抚副使,并享受执政官的礼遇。在平叛的奖谕诏书中,竟然对积极策划者杨巨源只字未提。而与平叛毫无关系,且"诛曦之日不肯拜诏"的吴曦党羽、踏白军统制王喜,却被说成是"谋戮逆曦,备罄忠劳",不仅特升转为节度使,还被任命为兴州诸军都统制要职。

杨巨源以赏不酬功,心颇不平,因而想向朝廷直接申报自己在平叛中的功劳。杨巨源在给刘光祖的信中,记述了当初策划诛杀吴曦时,安丙的"酬答之语",并刻印传布。安抚副使安丙害怕暴露他当初持观望态度,以及他申报的平叛情形不实的情况,就以杨巨源"自负倡义之功,阴欲除之"。六月,授命彭辂逮捕杨巨源,押送阆州(今阆中)狱。押解至大安(今陕西省略阳南)时,杨巨源被杀害于途中,而安丙却以自杀上报。杨巨源的被害,引起"军情叵测",安丙"以人情汹汹,封章求免"。南宋朝廷虽未罢安丙安抚副使之职,但因此另派刘甲出任四川安抚使,以稳定人心。后有李珙讼其冤于朝,嘉定六年(公元1213年),为杨巨源立褒忠庙。嘉熙元年(公元1237年)又赐谥忠愍。开禧三年(公元1207年),吴曦的党羽王喜派刘昌国毒死李好义。后来南宋朝廷追赠李好义检校少保,追谥忠壮。

吴氏的历史名人

吴氏的郡望在延陵,今江苏武进县。吴姓名人辈出,战国时的兵家和改革家吴起,曾与孙子相提并论,辅佐楚悼王实行变革,促进了楚国的强盛。秦朝末年农民大起义的领袖之一吴广,建立了张楚政权。唐朝时的著名画家吴道子,其高深的艺术造诣对后代产生了巨大的影响,被世人尊称为"画圣"。宋代词人吴文英也是吴氏家族中为人所熟知的文人学者。明朝至近代,吴姓中多出画家和小说家,如明代画家吴伟,清代画家吴历、吴熙载、吴友如等都是当时画坛的佼佼者。中国的四大名著

第四章 铁马秋风大散关
——隆德吴氏

之一的《西游记》的作者是明人吴承恩，中国古典讽刺小说的杰出作品《儒林外史》的作者为清人吴敬梓，清末人吴沃尧是著名的谴责小说作家，著有《二十年目睹之怪现状》等。引清兵入关受封为平西王，后来又割据称帝的吴三桂也是吴姓中的著名人物。吴氏在当今中国百家姓中名列第十位。

第五章 黑水城的回忆——白高嵬名氏

西夏的历史根源可以一直追踪到唐初。这个时候羌族中的党项族开始强大起来。其中拓跋赤辞投降唐，被赐姓李，迁其族人至庆州（在今宁夏回族自治区内），封为平西公。自此在此定居。唐末党项族首领拓跋思恭平黄巢起义有功，再次被赐姓李。从此拓跋思恭及其李姓后代以夏国公成为当地的藩镇势力。

宋初赵匡胤削藩镇的兵权，引起李氏的不满。虽然他们一开始服从宋的命令，但两者之间的矛盾不断加剧。1032年李德明之子李元昊继夏国公位，开始积极准备脱离宋。他首先弃李姓，自称嵬名氏。第二年以避父讳为名改宋明道年号为显道，开始了西夏自己的年号。在其后几年内他建宫殿，立文武班，规定官民服饰，定兵制，立军名，创造自己的文字（西夏文）。1038年10月11日称帝，国号大夏。

代表人物：嵬名继迁 嵬名元昊
对政局影响：建立西夏
溯本追源：拓跋鲜卑之一部
家族兴衰：立国时间比辽宋金都长 至为蒙古所灭
后世遗踪：为元灭族 但西藏仍有余族

◎ 贺兰傲雪——嵬名元昊

甘州铁鹞子

党项族是我国古代北方少数民族之一,属西羌族的一支,故有"党项羌"的称谓。唐末黄巢起义时,唐僖宗传檄天下勤王。党项族首领拓跋思恭出兵,联合其它力量共同击败起义军。战后唐僖宗赐拓跋思恭为"定难军节度使",后被封为夏国公,赐姓李。至此,党项拓跋氏集团有了领地,辖境包括夏、银(今陕西榆林东南)、绥(今绥德)、宥(今靖边东)、静(今米脂东)等五州之地,握有兵权,成为名副其实的藩镇之一。

嵬名元昊,又名李元昊,乃西夏开国皇帝,党项族人,据说党项族的皇室原为拓跋氏,是北魏鲜卑族之后。嵬名元昊出世的几个月前,他的祖父嵬名继迁(西夏国的建立者,又名李继迁或赵保吉)因与吐蕃作战所受的箭创发作而死。父亲嵬名德明战功卓著,继承嵬名继迁遗业。在他在位的逾三十年中,善于识时审务,利用时机,发展壮大自己的力量,为嵬名元昊建立夏王国,奠定了坚实的基础。

嵬名元昊出生的这一年,正是中原的北宋王朝与北方的辽朝之发生激烈冲突的时代。当时辽军南侵,宋真宗被迫亲征而获胜,两国签订了"澶渊之盟"。对于党项政权,宋真宗也打算进行招抚,缓和抗辽的正面战场。

回銮碑(又名契丹出境碑),坐落于濮阳县城御井街,是记载宋辽订

第五章 黑水城的回忆
——白高嵬名

立"澶渊之盟"的唯一实物。公元1004年,契丹族的辽圣宗耶律隆绪和他的母亲萧太后率兵二十万进攻北宋,兵临澶州。宋真宗在宰相寇准等主战派的督促下,御驾亲征,于澶州大败辽兵,双方议和,订"澶渊之盟"。在班师回京之前宋真宗曾赋诗以志这次亲征胜辽之事,由寇准书丹,镌石于城内,也就是现存的回銮碑。御井相传是当年宋真宗用过的水井,旧志称"御井甘泉",为河南濮阳八景之一,现为省级文物保护单位。

在这种有利的形势下,嵬名德明巧妙地利用宋、辽矛盾,求得生存发展。同宋的友好往来和经济贸易,促进了党项族的经济发展,一时出现了欣欣向荣的局面,有耕无战,商贩如织,总之嵬名德明统治时期一片祥和。

幼年的嵬名元昊,长了一副圆圆的面孔,炯炯的目光下,鹰钩鼻子耸起,刚毅中带着几分凛然不可侵犯的神态。中等身材,却显得魁梧雄壮,英气逼人。平素喜穿白色长袖衣,头戴黑冠,身佩弓矢,出行常常带百余骑兵,自乘骏马,前有两名旗手开道,后有侍卫步卒张青色伞盖相随,左右簇拥,煞是耀武扬威。他幼读兵书,对当时流行的《野战歌》《太乙金鉴诀》一类兵书,更是手不释卷,专心研读,精于其蕴。他颇具文才,精通汉、藏语言文字,又懂佛学,尤倾心于治国安邦的法律著作,善于思索、谋划,对事物往往有独到的见解。宋朝边将曹玮,早想一睹嵬名元昊的风采,但总不能见到,后派人暗中偷画了嵬名元昊的图影,曹玮见其状貌不由惊叹:"真英物也!"并且预见到他日后必为宋朝边患。

这种预见不是没有道理的。嵬名元昊逐渐长大成人,对父亲的和宋政策,特别是向宋称臣日益不满,多次规劝父亲不再臣服宋朝。有一次嵬名德明遣使臣到宋用马匹换取物品,因得到的东西不合他的心意,盛怒之下把使臣斩首。嵬名元昊对父亲的这种举动十分不满,劝诫父亲说:"我们本从事鞍马,现在交易这种奢侈品本来就不对,又因此杀人,以后会上下离心的!"他还对德明说:"我们部落人多,而财富不足。假如失去众心,我们如何自保?不如用宋朝给的赏赐,招养武士,练习弓矢。这些力量,小可以征讨四方,大可以封疆立国,有什么不好呢?"德明不以为然,回答道:"我对用兵打仗深感疲劳了,这三十年来我们能穿着锦绮绸缎,都是宋朝的恩惠,我们不能忘恩负义!"嵬名元昊驳斥父亲道:"穿皮毛衣服,放牧牲畜,本来就是我们的天性,我们英雄的民族,当称王称霸,怎么为了这一点蝇头小利而消磨斗志呢?"父子两人表面上话不投机,但德明对儿子有这样的壮志,内心实际还是非常欣喜的。

公元9世纪中叶,漠北回鹘汗国灭亡后,一部分回鹘人迁入河西地区,同原来居住在这个地区的回鹘部族建立了回鹘政权,"牙账"设在甘州(今甘肃张掖),成为河西走廊一股重要的统治势力。夏州党项政权兴起,特别是嵬名继迁都西平之后,党项政权即处于甘州回鹘、吐蕃和宋、辽之间。河西走廊地逼党项都城西平,直接威胁着党项政权后方的安全。党项要进攻宋朝,就必须解除后顾之忧。河西走廊优越的地理位置和自然条件也成为党项政权发展的必争之地。

黄头的甘州回鹘

甘州回鹘亦称河西回鹘。他们以甘州为中心建立的回鹘政权,前后延续近二百年,直到为党项人所击败。极盛时期,回鹘分布在甘、凉、沙、肃、秦等州及贺兰山、合罗川(今额济纳)等地。有些甘州回鹘被人们称之为黄头回鹘,为何把他们称之为"黄头回鹘"呢?人们有过多种解释,有人认为,他们的头发是黄色,也有人认为他们喜欢用黄色,其实,黄头是指这些回鹘是回鹘人中的皇族,故而被称之为黄头回鹘。元代被称之为"萨里畏吾",明代称之为"撒里畏兀儿"。"撒里畏吾"是突厥语,撒里是黄的意思;畏吾则是回鹘的转音。

嵬名德明同甘州回鹘进行了六次战争,每次都遭到失败。党项因此同回鹘结成世仇。后来,元昊经过了充分的准备,带兵去攻打甘州,一战告捷，攻破甘州，由此深得德明欢心，元昊方被立为太子。元昊攻取甘州之后，固守西凉的回鹘人就失去了大本营。元昊又采取声东击西的战术，然后出奇兵突袭西凉，回鹘人弃城去投奔吐蕃唃厮啰。

明道元年（公元1032年）十月，51岁的嵬名德明在完成了建国称帝的基础工作之后死去了，嵬名元昊继位。元昊继位之后，忙于同吐蕃唃厮啰作战，直到公元1036年，才从旷日持久的作战中脱身出来，率军西攻回鹘瓜州（今甘肃安西），直抵沙州（今甘肃敦煌），又回师占领肃州（今甘肃酒泉）。这样，元昊便安全控制了河西走廊，结束了甘州回鹘的统治。此时的西夏，所控制的领土"东尽黄河，西界玉门，南接萧关，北控大漠"，"方二万余里"，事实上已形成了与宋、辽三足鼎立的局面。

当时归曹氏统治的归义军政权发生了内讧，担任节度使的曹延禄被其族子曹宗寿杀害。曹宗寿面临河西战乱局势，为防不测，动手把各处佛教寺院中收藏的佛教经典以及各类书籍统统收集起来，运送到莫高窟，又在封闭的洞口墙壁上绘制了壁画，从此这个被封闭的洞窟便不为世人所知。元昊占领瓜州一千余年后，到清末的光绪二十六年（1900年），才偶然被王道士发现了，埋藏在洞窟中的数万件珍贵典籍才重见天日。这就是震动世界的敦煌藏经洞的由来。

青唐唃厮啰

在党项政权辖地南部与河西走廊中心地带的凉州，湟水流域、洮河流域的广大地区都居住着吐蕃族的居民。党项族的兴起与发展，与这些地区的吐蕃部族发生激烈的冲突。吐蕃人当年就一箭射中嵬名继迁，致使日后继迁因箭创而死。嵬名德明为报杀父之仇，即派兵四处袭杀吐蕃人，吐蕃部族退居青海的湟水流域，直到他们的英雄唃厮啰出现。

唃厮啰，吐蕃语"佛之子"的意思，相传为古代吐蕃赞普之后，原名欺南凌温,生于西域高昌。十二岁时,被河西商人带回吐蕃地区,吐蕃人崇尚贵族,重视血统,欺南凌温旋被取名唃厮啰,誉为佛的化身,逐渐在现今青海西宁一带,建立了一个统一辖洮、湟流域广大地区,拥有数十万居民的吐蕃政权。唃厮啰深感党项政权对他的威胁,遂归附宋朝,谋求援助。大中祥符八年(公元1015年)九月,唃厮啰曾聚集了数十万兵马,向宋朝表示愿意为灭亡党项的先锋,但宋朝同样不信任他,没有回复。

后来,见嵬名元昊继位,宋朝就开始想利用唃厮啰的势力牵制元昊,于是授唃厮啰为宁远大将军,予以政治和经济的强力支持。元昊初立,积极准备称帝建国,为了巩固后方,也为了惩罚唃厮啰归附宋朝,便发动了对吐蕃河湟地区的进攻。

元昊派大将苏奴儿带兵二万五千进攻唃厮啰的军事要塞牦牛城(今青海西宁东北,大通河东南),被吐蕃兵击败,苏奴儿也被俘。嵬名元昊听到战败的消息后,马上亲自带兵围攻牦牛城,牦牛城城坚难克。于是嵬名元昊诈和,城门刚启,嵬名元昊的士兵就夺门蜂拥而入,对城内居民大肆屠杀掳掠,夺占城池。

后来,唃厮啰又发生内乱。嵬名元昊乘机出兵进围青唐城。唃厮啰派部将安子罗领兵十万,暗中截断嵬名元昊退路。嵬名元昊还兵与安子罗军作战,战斗十分激烈。经过了延续二百余天的艰苦战斗,安子罗兵渐渐不能支持;嵬名元昊军队也因粮草不继,士兵饥饿而死者越来越多。嵬名元昊只好撤军,大军过宗哥河,船方半渡河中,安子罗暗中使人决水坝,元昊士卒大多被淹死,幸存者大溃而逃,是为元昊宗哥河之败。

嵬名元昊力图雪耻。同年十二月,又亲率大军进至河湟。唃厮啰自知寡不敌众,屯兵于鄯州(今青海西宁境),不出战。嵬名元昊主动进攻,在渡一条河时,在河水浅的地方插标识为记,作为返回渡河之处。唃厮啰派人前去侦探,得知这个秘密,就暗中派人把渡河标识移植到水深之处。当元昊对唃厮啰的进攻被击败后，士兵狼狈争相逃命，到达河边，寻找标识抢先涉水而过，不断误入深水，险浪扑击，士兵溺水而死者十有八九，失去辎重无数，仅留得残兵剩卒保护元昊逃回。元昊又一次败于唃厮啰。

后来唃厮啰发生内乱，妻妾争宠，唃厮啰之子集众形成一支独立势力，不受唃厮啰制约。元昊乘机进行离间，并诱使吐蕃万余人投降。从此，由于内部不和，唃厮啰的势力越来越衰弱，而西夏则更加强盛，唃厮啰不再对嵬名元昊构成威胁。

攻伐黄天子

嵬名元昊的势力壮大后，为了强化民族意识，增强党项族内部的团结，争取贵族上层和广大党项部落人民的支持，首先废除了中原王朝唐、宋的赐姓，不再姓李姓赵了，恢复党项姓"嵬名"。他还把自己的名字也改了，改成曩（nǎng）霄，自称兀卒。"兀卒"是党项语，翻译过来就是"青天子"的意思，那时党项人称宋朝皇帝为"黄天子"。

嵬名元昊自认为祖宗为鲜卑拓拔，为了怀念祖先，保持旧俗，他率先自秃其发，剃光头，并穿耳戴重环饰，以示区别。这是因为据说古代羌人的风俗就是剃去头颅顶部的头发，再将前面的头发蓄起来，从前额垂到面部两侧。同时强令党项部族人一律"剃发"，且限期三日，有不服从者，任何人都可以杀死他。

嵬名元昊还建官制、设百官、创文字、设立蕃字院和汉字院、建立蕃学、改革礼乐等等，最主要的是以"尚武重法"为国策。元昊建立起完善的军队建设、指挥系统、布防驻地等军事制度，尤其在军队建设上下了大力气，不仅有党项羌组成的部队，还有由汉人组成的"撞令郎"，是专门打前锋的敢死队。

党项军队里步兵人数最多,在山区作战时步兵是当仁不让的主力,西夏最精锐的步兵被称为"步跋子",特别是横山党项羌组成的"步跋子",身手敏捷,翻山越涧如履平地,远程奔袭其快如风,在复杂地形作战的能力很强,其他夏兵都不如他们。

元昊还组建了一支堪称当时最凶悍的王牌骑兵"铁鹞子",上阵时身披重甲,刀剑难伤,并且还用绳子绑在马背上,即便被削掉了脑袋也不会从马上摔下来,仍能在战场上横冲直撞。

元昊另有一支二百人的炮兵部队,他们使用的武器叫"旋风炮",能立在骆驼背上发射,发射的也不是火药炮弹,而是拳头大小的石块,这个也就是《水浒传》中"小旋风"柴进绰号的来历。

军政巩固之后,大庆三年(公元1038年)十月十一日这一天,在兴庆府的南郊,祭坛高筑。元昊在亲信大臣野利仁荣、扬守素等人的拥戴下,正式登上了皇帝的宝座,国号称大夏,改元天授礼法延祚。是年嵬名元昊三十四岁。

天授礼法延祚三年(公元1040年)正月,元昊攻打北宋,派人向宋金明寨守将李士彬诈降,又令将士与士彬相遇时不战而退,称士彬为"铁壁相公",说"我等闻铁壁相公名,莫不坠胆",以次使李士彬越加骄傲,松懈防务。然后元昊突袭金明寨,原来诈降的党项士卒为之内应,一夜之间就攻破寨城,俘获李士彬。

接着元昊进围延州(今陕西延安),宋朝驻延州的长官范雍十分惊慌,立即牒令驻守庆州(今甘肃庆阳)的刘平和石元孙率军赴援。刘、石二人带领人马赶到延川、宜川、洛水三河的汇合处三川口时,已经人困马乏。西夏兵按照元昊的部署,在此设伏以待,从山地四出合击,将宋军万余人消灭殆尽,刘平和石元孙被俘。三川口之战是元昊称帝后取得的第一个大胜仗,充分显示了元昊的军事指挥才能和西夏军事力量的强大。

第五章 黑水城的回忆
——白高兀名

宋军三川口失利后，元昊针对宋军的进剿计划，指挥夏军诱敌深入，又一次重创宋军，这就是有名的好水川战役。好水川，在今宁夏隆德县城北十五里，两边山谷环抱，只有一径可通，正是兵家设伏之处。

天授礼法延祚四年（公元1041年）二月，元昊了解宋军进剿大将任福求胜心切，于是设下埋伏。先派小股部队入寇，遇任福大军后即佯装败北，仓皇撤退。任福不知是计，即抛掉辎重，率数千轻骑追击，沿途夏军遗弃了不少马匹、骆驼，宋军见状更是群追不舍。进入好水川口后，宋军发现路中央摆着不少封闭的泥盒子，用手一拍，里面有跃动之声。任福命令士卒将盒砸开，装在里面的鸽子受惊腾起，它们带着哨音在宋军头顶上盘旋飞翔，这正是宋军进入埋伏的信号。四周的地平线上忽然冒出一条黑线，乃是夏军得到信号，十万人马一起从山头出击，将宋军压在谷地。西夏大将兀名遵顼在山头以二丈多长的鲍老旗（鲍老，宋代舞队中引人笑乐的人物，目的在于使宋军兵士疑惑）作为指挥的标志。宋军向西，旗指向西，宋军向东，旗指向东，它往哪里一挥，哪里就涌出一支西夏军的预备队。任宋军左冲右突，终不得脱险，此战宋军死伤惨重，损失将校十余员，任福也被斩于马下。好水川之役乃宋夏交战重要战役，双方都投入重兵。宋军以失败告终，阵亡将士的父母妻儿拥韩琦马前放声大哭，朝廷遂罢夏竦、韩琦首将之职。

元昊时期的对外政策，既不同于继迁时期的一贯联辽抗宋，又不同于德明时期的与宋、辽和平相处，而是根据实际利益，随机应变，十分灵活。元昊继位后，同辽联姻，受辽封号。辽兴宗的姐姐兴平公主，后嫁元昊，两人长期失和。兴平公主忧郁而死，辽兴宗大怒，借故发兵问罪，发动河曲之战。在这次战役中，元昊节节佯退，每退必放火烧掉草地，又派人烧掉辽军粮草，致使百里之间无寸草，继而乘借大风一战而胜，不过元昊给辽兴宗以重创之后又立即以胜求和，恢复两国友好。

西夏与辽的河曲之战

辽兴宗即位之初就把辽朝的兴平公主（辽兴宗姐姐）许配给元昊，但夫妻二人关系一直不睦，直到公主病死，元昊才向辽国"汇报"此事，辽兴宗闻讯大怒。后来，辽朝从宋朝每年多得二十万"岁币"后，劝阻元昊不要伐宋。元昊也恼怒至极。公元1044年五月，辽朝内党项族叛乱，辽朝派军前去镇压，元昊派兵救援，把辽朝的招讨使杀掉。

辽兴宗大怒，连出三路大军，共十万精兵，渡过黄河，亲征西夏。大军在贺兰山北麓发现元昊部队，辽军纵兵进击，把夏军杀得大败。元昊使缓兵计，派使臣向辽兴宗谢罪请降。辽兴宗为免日后他再生祸患，又朝元昊杀去。元昊见势不妙，边撤退，边坚壁清野，烧掉一路上凡有的粮草和居所，辽朝十万大军人粮马料皆成大问题。特别是辽朝战马，因缺草料，病亡大半。

辽国君臣正在大营计议，元昊忽然发起猛攻，直袭大营。辽国萧惠整军出战，又把元昊打得败退。辽军正待追击，忽然天起大风，吹扑向辽军。古人迷信，契丹人更是信神信鬼，大风一吹，兵将皆心惊肉跳，一时军中大乱。元昊立刻命夏兵反攻，把辽军打得大败，俘获数十辽国贵族大臣，辽兴宗本人只与数十骑勉强逃脱，差点成为这位妹夫的阶下囚。此次大战，发生于河曲（今内蒙伊克昭盟），故称"河曲之战"。

元昊对待宋朝，因结盟于辽，有恃无恐，悍然发动攻掠战争。当元昊看到辽宋和好后，便立即决定同宋媾和，这一步不仅使元昊摆脱了早想结束的由长期战争造成的困境，而且避免夏国两面受敌的危险。

元昊在建国的过程中，很重视人才的培养和收罗，特别注重吸收汉族的知识分子为自己服务。历史上著名的事迹是重用张元、吴昊。张、

第五章 黑水城的回忆
——白高嵬名

吴二人为宋华州（今陕西华县）人，他们"累举进士不第"，而又自以为有王佐之才，不甘寂寞，便写诗明志："好着金笼收拾取，莫教飞去别人家"。明白表示宋朝廷弃人才而不用，他们将为异国效力。宋朝的边师未能重视，于是他们进入西夏。为了引起注意，他们到酒店里狂喝豪饮，又在墙壁上书写"张元、吴昊饮此"，有意突出"元昊"二字，被西夏巡逻兵发现，遂将二人带入宫中。当元昊问他们为什么不避讳自己的名讳时，他们毅然答到："姓都不管了，谁还理会名呢？"明目张胆地对元昊接受赵宋赐姓进行讽刺。元昊听后，不但不生气，反而认为他们有胆识，有奇才，立即予以重用。并在数月之内派人潜入宋境将二人的家眷接来，使之团聚，从而安心为西夏服务。张元曾当过西夏的中书令，和元昊一起指挥了好水川大战。

元昊还主持创制了西夏文字。西夏文字创制于元昊建国前的公元1036年左右，由大臣野利仁荣演绎而成，参照了汉字创制的"六书"理论，采用合成法进行造字，即先创造了一些文字元素，即我们常说的字根或母字，然后再用合成法繁衍出更多的西夏字。随后元昊规定西夏国内所有艺文诰牒，一律都用新制夏字书写。由于元昊的大力提倡和推行，西夏字上自官方文书，下至民间日常生活，广泛使用并迅速流行，这不仅对于元昊加强统一，巩固统治起了巨大作用，也是元昊加强民族意识建设的又一突出贡献。

他的文治武功卓有成效，但他本人也有不足之处。在位16年后，他认为皇权已经很稳固，于是猜忌功臣，稍有不满即罢或杀，反而导致日后母党专权；另外，他陶醉于自己的赫赫战功，后期不理朝政，好大喜功，沉湎酒色，导致西夏内部日益腐朽，众叛亲离。据说他下令民夫每日建一座陵墓，足足建了三百六十座，作为他的疑冢，其后竟把那批民夫统统杀掉。他还经常在贺兰山离宫和诸妃嬉戏、纵情声色。他见儿子宁林格的妻子貌美，就夺为己有，并立为"新皇后"。宁林格难以忍受夺爱之恨，加上野心家挑唆，于是持戈进宫刺伤元昊。元昊被削去了鼻子，受了惊吓，又急恼不过，鼻创发作，于夏天受礼法延祚十一年（公元1048年）正月初二死去，宁林格后来因弑父之罪被处死，嵬名元昊享年46岁，庙号景宗，谥号武烈皇帝，葬泰陵。

◎ 满腹经纶空自许——嵬名遵顼

状元皇帝

嵬名遵顼，西夏都城兴定府（宁夏银川）人，宗室齐王彦宗子，庙号神宗。遵顼年少好学，博通群书。桓宗天庆十年（公元1203年）廷试第一，之后袭封齐王。嵬名遵顼中状元后，仕途一路顺畅。西夏皇建二年（公元1211年），发动宫廷政变，自立为帝，时年49岁，改元光定，他是历史上唯一曾通过科举应试擢为状元的皇帝，但这个时候西夏需要的不是一个文质彬彬的皇帝。

北方蒙古统一后，由于自然条件的限制，蒙古漠北地区无法获得生活亟需的农产品及其它更多的物资，为了满足经济上的需要，代表草原游牧贵族利益的成吉思汗，向四邻地区发动了一系列掠夺战争。最初，成吉思汗的主要目标是女真族建立的金国，目的是反抗、摆脱金国的统治。但是，作为战略家的成吉思汗，"深沉有大略""未敢轻动"，金国物产丰富，文化发达，筑有三千里界壕，军力雄厚，当时尚能击败南宋、称雄一方，因此不可轻视。成吉思汗虽攻占了金国的部分土地，但蒙、金仍处于对峙状态。成吉思汗审时度势，没有首先把矛头指向金国，而

第五章 黑水城的回忆
——白高冤名

是选择了在辽、北宋及金、南宋两大势力斗争夹缝中求生存的西夏为突破口，最终于 1227 年第 6 次亲自统兵征服了西夏，为进军全国打开了通道，他为他的后代消灭金国、占领中原、称霸黄河流域和最终统一中国开辟了道路。

公元 1209 年 3 月，成吉思汗亲率大军进攻西夏。在贺兰山中段的克夷门遭到夏军重创，蒙古军伤亡惨重。相持两个月以后，蒙古大军还是包围了中兴府。守城将士拼死防御，两个月后，蒙军在无计可施的情况下，趁天降大雨、河水暴涨之机，引水淹城。中兴府被围困达一月之久，城中居民淹死者无数。后来，城墙坍塌，决堤的河水四溢，蒙古军队也受到洪水的淹溺，在万般无奈时，同意退兵议和。

蒙古围中兴府时，金朝拒不出兵，金、夏关系开始破裂。遵顼即位，不再向金朝求册封。面对着蒙、金两大势力，夏国由前朝的附金抗蒙转变为附蒙攻金了。

神宗遵顼即位，即派兵万骑攻金，围金东胜城。金派大兵来援，解围。这年冬季，蒙古进兵围金中都，金朝危急。夏神宗乘机侵入金泾州、邠州，又进围平凉府。公元 1212 年三月，金朝主动派使臣册封遵顼为夏国王。直到年底，遵顼才遣使谢封，但仍然继续进攻金朝。1213 年六月，夏兵攻破金保安州，围庆阳府。八月，破金邠州。十二月，破巩州。公元 1214 年八月，攻庆、原、延安诸州。公元 1215 年十月，攻破金临洮府。

公元 1216 年秋，成吉思汗出兵侵金。西夏出兵配合作战，攻延安、代州，进而破潼关。十一月，夏神宗又乘胜派兵四万余，围攻金定西城，战败而回。十二月，金兵反攻西夏，分兵攻打盐、宥、夏、威、灵等州。夏神宗分道派兵抵御，金兵不能前进。

光定七年（公元 1217 年）正月，西夏又应蒙古的征调，派兵三万随蒙古兵攻金，大败于宁州。西夏不堪蒙古的频繁征调，拒绝出兵。蒙古发兵渡河攻打西夏，十二月，围中兴府。蒙古突然来攻，神宗惊惶逃走，出奔西凉，留太子德任守中兴府。蒙古兵退，神宗才又返回。

此间，西夏军队广大将士誓死保卫自己的疆土，打过不少胜仗，嵬名令公、籍辣思义等夏将都曾给蒙军以沉重打击，一度极大地鼓舞了西夏军民的斗志。但因军事实力过于悬殊，就蒙夏之间整个战局而言，还是以西夏王国尽失西域的河、瓜、甘、肃、凉诸州而告终。

联敌侵金

夏神宗遵顼按照金朝兴起时西夏附金扩土的经验，企图附蒙侵金。蒙古不断向西夏征兵和侵掠，使西夏蒙受严重的摧残。公元1218年2月，神宗起用主张联金抗蒙的秘书监苏寅孙为枢密都承旨。3月，神宗写信给金保安、绥德、葭州，商请恢复边地互市，与金朝谈和。金宣宗不许。神宗联金不成，又在公元1219年2月，派遣枢密都招讨使宁（读níng）子宁去四川与宋朝守将联络，企图联宋侵金。这时，金宣宗正在发兵渡淮，分道南侵宋朝。宋朝军民展开了守土抗金的斗争。宋四川安抚使安丙写信给西夏，定议宋、夏同时出兵，夹攻金军。

夏国得到宋朝的支持，1220年八月，发兵万人围攻金会州，攻破会州城，金守将乌古论世显投降。关右大震。金宣宗向夏国请和，夏神宗不许。西夏兵二十万攻打金巩州。宋安丙派张威、王仕信等分道进兵，攻下定边城，与夏兵会于巩州城下。夏宋联合作战，约定夏兵野战，宋兵攻城。金行元帅府事赤盏合喜派兵拒守。夏兵攻城不下，只好退军，又遇金朝伏兵邀击，伤亡甚众。十月，宋安丙再约夏兵攻秦州。夏兵不再出战。

宋夏联合攻金因宋军配合不力，西夏军队再次受挫，联宋攻金策略遂告失败。夏国联宋侵金不成，仍处在蒙古威胁之中。1221年，蒙古木

第五章 黑水城的回忆
——白高毧名

华黎部,由东胜州渡黄河经西夏攻金,再向夏国征兵。神宗派塔哥甘普领兵五万归木华黎指挥,向金葭州、绥德州进军。十月,蒙古兵攻绥德,再向夏征兵。神宗又派大将迷仆领兵会师。1222年,蒙古又命夏兵由葭州攻金陕西,夏兵在质孤堡被金兵战败。1223年春,蒙古木华黎进兵凤翔,神宗发步骑十万随蒙古军攻城,不下。夏兵见势不利,不告蒙古,先行逃回。

夏国自投附蒙古以来,遭受着沉重的压榨和威胁。夏国每次应征出兵为蒙古作战,都要遭到重大的伤亡,损失惨重。神宗附蒙侵金的政策,越来越引起了人民的不满。统治集团中联蒙与联金两种主张也在展开激烈的争论。1223年,神宗派太子德任领兵侵金。德任说,金兵势尚强,不如和他讲和。神宗说,这不是你懂得的事。德任坚持联金,拒不领兵。四月,神宗废掉德任的太子位,把他囚禁在灵州。十月,蒙古兵在夏积石州侵掠而去。神宗仍要聚集兵力侵金。御史中丞梁德懿上疏说:"国家用兵十余年,田野荒芜,民生涂炭。虽妇人女子都知道国势已很危险,可是朝廷大臣还在清歌夜宴。太子毅然陈大计,献忠言,是出于不得已。请召太子还宫复位,就会使臣民悦服,危者得安。"神宗当面予以责斥,罢去梁德懿的官职。

这年,蒙古木华黎已在山西闻喜病死。子孛鲁继续领兵。成吉思汗已指令孛鲁准备领兵灭夏。夏国面临着亡国之祸。夏神宗附蒙侵金的国策彻底失败,由于在处理国与国之间关系上的反复无常,及战事频繁,致使西夏国力不振。眼看无法统治下去了,光定十三年(1223年)十二月,神宗由于国事日敝,传帝位给次子德旺(献宗),自称"上皇"。西夏干定三年(1225年)二月,毧名遵顼病逝,享年64岁,谥号英文皇帝。

公元1226年,成吉思汗西征胜利后,借口西夏迟迟不纳人质,以65岁高龄亲率大军第六次攻打西夏,献宗眼见亡国大祸临头,惊忧成疾而死,其侄南平王李睍继位,是为夏末主。成吉思汗在抢占黄河九渡、攻克应理城后，兵分两路向西夏都城挺进。11月，成吉思汗亲率大军围攻灵州，夏末主派遣大将嵬名令公率十万大军紧急赴援，途中被蒙古军队击败。已废太子德任率领固守灵州的夏兵与蒙古军队进行死战，战斗激烈的程度为蒙夏作战以来所少见。最后因夏兵伤亡惨重而失败，灵州失陷。成吉思汗对西夏军民的拼死抵抗十分恼火，于12月命令蒙古军队攻克盐州，并派兵四处搜索，烧杀抢掠，夏民"免者百无一二，白骨蔽野"。西夏江山岌岌可危。

夏蒙战争最为惨烈的一幕——灵州之战

蒙古大军围攻灵州（今天宁夏灵武县），灵州守军拼死抵抗，眼见就快不支之时，西夏的援军到了。西夏军势共有10万，由老将嵬名令公统帅，由于事关国家存亡，因此这10万大军不仅是西夏的王牌精锐，且士气极为高涨。而蒙古军则是一支百战百胜的虎狼之师。两军在冰封的黄河上分别布阵，准备决一死战。

坚硬的冰面上，蒙古骑兵发动了第一次冲击。尽管西夏缺乏能与之对抗的骑兵，但在众志成城的西夏步兵的抵抗下，蒙古人的冲击居然毫无收获。第一波不成，还有第二波，第三波……持续不断地打击。在接二连三的冲击下，西夏的阵型开始出现了裂痕，于是随着最为致命一波冲击，而来的是死亡吞噬了西夏10万大军的全部性命。由此，西夏一蹶不振。灵州之战，造成了蒙古大军的惨重伤亡，其激烈程度为蒙古军队作战以来所少见的，致使蒙古大军对西夏的军事打击愈加惨烈。

公元1227年1月，成吉思汗留一部分兵力继续围攻中兴府，自己带领大部分军队渡黄河进攻积石州，以彻底卡断夏兵后路。末主被蒙军围困在中兴府内，一筹莫展。右丞相高良惠"内镇百官，外励将士"，领兵日夜在都城坚守、抵抗，多次打退蒙军的进攻。5月，成吉思汗回师隆德，因天气炎热，在六盘山避暑休整，派人前往中兴府谕降。6月，西夏境内发生强烈地震，房屋倒塌，瘟疫流行。被蒙古军队围困达半年之久的中兴府，粮尽援绝，军民多患病，已失去了抵抗能力。末主走投无路，只得派遣使节告谕成吉思汗，请求宽限一个月献城投降。7月，成吉思汗在六盘山区的清水（今甘肃清水县）西江得重病，病中立下遗嘱：死后暂秘不发丧，待夏主献城投降时，将他与中兴府内所有兵民统统杀掉。不久，末主率李仲谔、嵬名令公等投降蒙古。蒙军带着末主及几位夏将行至萨里川时，一代天骄成吉思汗病亡。为了防止夏主生变，蒙古军队遵照成吉思汗遗嘱，将夏末主等杀死，并一举荡平中兴府。至此，建国189年的西夏王朝终被成吉思汗灭亡。

嵬名氏的历史名人

党项族嵬名氏在中国西部建立大夏国，史称西夏，西夏立国190年，传10代帝王，先后与宋、辽、金鼎足而立。嵬名氏最著名的人物是夏景宗李元昊，后来夏末主李睍投降后按照成吉思汗遗嘱被杀，党项族作为一个完整的民族不复存在，西夏灭亡。西夏皇族被斩尽杀绝，不过其统治阶级中也有一部分向元朝投降，仕官于元的就达六十人之多。党项人后裔被称为唐兀人，属色目人，在元朝有较高的民族地位，不少人在政治、经济、军事、文化领域发挥了重要作用。西夏后裔历经元、明而逐渐销声匿迹，不为人知，主要有五个去向：一是逐渐汉化；二是逐渐藏化；三是蒙化；四是回化；五是迁入中亚，部分西夏党项族人进入尼泊尔。西夏亡国后，部分西夏后裔流亡到山西、河北、河南、山东、四川、西藏等地区，变成了汉民，其中河北、河南、安徽等地较多。

第六章　乱世儿女——山东李氏

《元和姓纂》和《通志·氏族略》都有记载表明李姓是以官为氏的。《元和姓纂》中记载，说李姓本来是颛顼帝高阳氏的后裔，颛顼生大业，大业生女华，女华之子皋陶为尧帝的理官，后命族人以官名为姓，姓"理"。皋陶之后裔理证因直谏而得罪了纣王而被杀，其妻契和氏带着儿子理贞外出逃难时，饥饿难忍，全靠食木子得以保全性命。因古音中，李、理互通，遂改姓为"李"，以报答木子的救命之恩。

12世纪，漠北蒙古人崛起，南下攻略金国。一代天骄成吉思汗，亲率中路大军攻陷益都府，掳掠而去，山东一带又陷动乱之中。此时，青州爆发了杨妙真、李全领导的农民起义。李全与杨妙真结为夫妇，生子李璮。李全、李璮父子占据山东东部达40余年之久。

代表人物：李全　李璮
对政局影响：李全夫妇辗转与金朝末年乱世之中，与其子李璮三人使得蒙古、金朝、南宋三方头痛不已
溯本追源：红袄义军
家族兴衰：一度成为北方最强大的汉人割据势力，后来李全为宋朝所杀，李璮为元朝所杀
后世遗踪：李璮及全家被杀，少有漏网，李氏父子占据山东近半个世纪的历史，遂告结束。

◎ 三朝之敌——李全

红袄军起义

　　李全,潍州北海(今山东潍坊)人。南宋著名义军首领,在历史上可与侯景、安禄山相提并论的人物。宋史里他的传记就占了两卷,甚至超过了岳飞、韩世忠等人。他的诨号叫做李铁枪,据说是因为他某次在河里洗刷牛马时,突然在泥泞中发现一条七八尺长的铁枪杆,重达四五十斤,他在上面打成枪头,每日苦练不息,终于练成了一手出神入化的枪法。遂以绰号"李铁枪"闻名。他所统领的个人队伍声势很大,坚持抗击金朝、蒙古和南宋三国夹击 10 余年,后来也参与过地方割据,影响甚广。

　　南宋嘉定四年(公元 1211 年),蒙古军队进攻山东时,金兵横征暴敛,滥杀滥劫,激起农民和士卒的强烈义愤。杨安儿兄妹揭竿而起,以舅舅刘全为军帅,展徽、王敏为军师,攻陷莒州、密州。周边的义军纷纷响应,声势浩大,威震山东。起义军一律穿着红色的短袄,这是因为,金国按五行说属金,要克金只能用火,火的颜色是赤红,他们身穿短红袄去抗金兵,所以人们称之为"红袄军"。

　　当时,李全还是个农家子弟,以贩牛马为业。他弓马娴熟,武艺超群,早在开僖年间,就曾参加起义军配合宋军进攻涟水。此时李全因母、兄被蒙古军杀害,又见红袄军闹大,便与仲兄李福聚众数千人,起兵报仇,成为潍州北海(今潍坊)义军首领。

当时，红袄军中的杨妙真年纪不大，又是一女子，却敢于冲破封建宗法观念的束缚和家庭的阻拦，毅然决然，随其兄杨安儿转战抗金沙场。杨妙真聪颖机智，泼辣能干，在义军中极受崇敬。同时，她还酷爱习武，骁悍矫捷，练得骑射精熟，一杆梨花枪使起来盘花掠影、水泄不透，因此在义军中又极负威名。

梨花枪天下无敌手——杨妙真

杨妙真，杨妙真（生卒年不详），金末红袄军的杰出女领袖。主要活动时期为金末，大致在公元12世纪末、13世纪初。益都人。杨妙真之兄杨安国，青州杨家庄人，因制造贩卖马鞍、马辔，人称杨鞍儿，于是自称杨安儿。杨家兄妹在杨家堡强勇豪迈，有很高的威信。因不堪金朝的残酷统治，兄妹二人率众起义，杨妙真号"四娘子"。善骑射，自称一杆梨花枪天下无敌手。曾率红袄军坚持抗金十余年，影响很大，是我国古代农民战争史上少有的女领袖，她的许多故事，至今在民间广泛流传。

嘉定八年（1215年）后，蒙古军队退走，金兵复回，派遣完颜霆为山东行省平章，黄掴为经历官，率领"花帽军"3000人讨伐杨安儿。杨安儿在阑头、滴水等地战败，轻舸走即墨。又退向登州（今蓬莱），建立政权，年号"天顺"，号称"有众数十万"。此后，下海州、据密州、攻潍州、略沂州，声势浩大。金兵重兵围困，悬赏千金买其人头，并派奸细里应外合。起义军再次失败，杨安儿"乘舟入海，欲走岠嵎山"，被金兵奸细舟人曲成击落水中淹死。首领阵亡，红袄军面临解体的危险。这时，杨妙真挺身而出，决心继承兄长的遗志，把抗金斗争进行到底。她在其舅父刘全的支持下，招集红袄军旧部1万余人，自为首领，军中尊称她为"姑姑"。此后，杨妙真率经过整顿的红袄军，转战淮、莒一带，继续抗金。

嘉定九年（公元1216年）前后，杨妙真率部进占莒州的磨旗山（今莒南县东南的马髻山），建立根据地。李全正好也率部辗转至此。那时候，农民起义军是不大懂团结的道理的，他们往往互不服气。杨妙真便与李全进行了3天2夜激烈、精采的比武。李全竟不能取胜，觉得很没有面子，他就偷下了绊马索，把杨妙真的马绊倒，把她俘住。打斗之中，两人的感情迅速发展，终于结为夫妻，红袄军和北海抗金义军也因此合兵一处，由李全统一指挥，杨妙真鼎力辅佐，二马并辔、双枪齐举，轰轰烈烈地开展抗金斗争。

杨妙真和李全合兵后，很快发展壮大起来，人马不下数10万，并迅速向周边地区发展，像青州、临淄、泰安、海州等地都是活动范围，这就引起了宋、金、蒙各方的高度重视，他们都纷纷派使臣前来招降，一时间门庭若市，忙得不可开交。蒙古人来过，金人来过，封官许愿。杨妙真和李全斩钉截铁地对金国使臣说："宁作江淮鬼，不为金国臣！"将来使轰了出去，表现了他们的民族气节。宋朝使臣前来游说的时候，他轻视红袄军，杨妙真以甲冑出迎，还以颜色。据说还有一次，杨妙真端茶接待，使臣想就她手中伸嘴来喝，企图羞辱杨妙真。其部下一见此景，怒火中烧，拔出宝剑，一剑将使臣刺死。不过杨妙真和李全都是汉人，对宋、金、蒙的态度原本就不一样，于是李全决定，接受南宋王朝的招安条件，改红袄军为"忠义军"，在1218年春正月，他们便走下马鬐山，南去楚州（淮安）。

随后，李全即率部与金将完颜霆的3千花帽军（金完颜仲元的军队名，在当时号称最强的私兵，头戴花帽，号花帽军。）激战，失利。接着，又于嘉定十一年（1218年），率五千人协助宋将高忠皎的"忠义民兵"抗金，先后攻克海州、莒州、青州、密州等地，打得金兵节节败退、狼狈逃窜。因功劳显著，李全被宋朝廷任为京东路忠义总管、武翼大夫、京东路兵马副都总管。

嘉定十二年二月，金兵大举南侵，南宋淮西一带告急，李全立即自楚州回师与金兵大战。他先率部破金军于嘉山；又与金将乞石烈牙吾答战于涡口,毙敌数千人;再与金"四驸马"阿海战于化陂湖,获大捷。李全因此被进为达州刺史、其妻杨妙真受封为令人。这一年六月,李全劝降了金兵元帅张林,使青、莒、密、登、莱、潍、淄、滨、棣、宁、海、济南等十二州和平归宋,南宋朝廷收复山东失地,对改变宋、金在山东的军事力量对比,做出了贡献。

他因功又被任为广州观察使、京东路兵马都总管,官职已相当高了。

宋军屠李家

而自嘉定十三年(公元1220年)后,偏安江南的南宋统治者,十分担心转战北方的李、杨军队会伺机反宋,于是加紧了提防、刁难和控制使用,并且封锁淮河,不许义军南下。在楚州,义军顶头上司就是朝廷派出来的制置使。在短短十四五年的时间里,这制置使就换了贾涉、许国、刘王卓等七八个,他们可以代表皇帝便宜行事。这些制置使,有的两面三刀,有的凶狠奸诈,作威作福,敲诈勒索,动辄扬言杀头,甚至调戏眷属。

在楚州,杨妙真担任接济和联络工作,应付着错综复杂的局面。由于宋王朝始终蔑视红袄军,把他们看成杂牌,同是汉人,同是国家军队,又住在一起,有的待遇优厚,有的却限人限额,吃不上饭,将士们自然就有埋怨,产生不满情绪,于是就发生了几次兵变,将士们义愤填膺,自觉行动起来,或杀死或赶跑了坐镇大人。这一切都怨到了李全夫妇的头上,宋廷千方百计,想方设法要除掉李全和杨妙真,如派暗探、刺客等。但李全夫妇非常机警,他们也有坐探,每到这个时候,就到海州避一避。

这一年秋天,李全率部与金行省蒙古纲、金将斡不答等大战东平,失利后败走沧州,从此很长一段时间豪气不振。南宋朝廷于是在政治上

第六章 乱世儿女
——山东李氏

歧视,在经济上克扣粮饷,逼得李全军队生计无着、报国无门。为了摆脱困境,李全让其兄李福出面,带部分义军在胶西地区开辟贸易市场,使南北方的茶叶、绢布、食盐、毛皮、畜产品等在这里公平交换,义军实行商旅保护政策,同时收取一部份商税以补充军用。

然而,即使这样一项对活跃地方经济大有好处的活动,也被南宋朝廷视为非法。宋淮东制置使贾涉等人,上书弹劾,朝廷立即大做文章,连派使臣钳制李全军队,并且在宋军,各"忠义军"和李、杨军队之间制造磨擦,挑起地方割据,公开向李全、杨妙真发难,削弱起义军。李全被迫发展地方割据势力,先后迫使淮东制置使贾涉逃走、许国自杀,随后,又与宋将彭义斌部激战。这种状况,直到宋理宗宝庆二年(1226年)六月,蒙古军队在青州将李全包围,才基本上告一段落。

这个月里,蒙古军队在青州将李全、杨妙真部团团包围。在抗击蒙军围攻中,李全率部进行了大大小小战斗百余次,李全沉着冷静,杨妙真协助指挥军队,使尽了"李铁枪""梨花枪"的威风,杀得敌人丧魂落魄。

蒙古郡王带孙率军包围益都城,蒙古国师木华黎也派儿子孛鲁统兵前来增援。李全"终不利,婴城自守"。蒙古军队"筑长围,夜布狗砦,粮援路绝"。李全与兄长李福商议,李福说:"我们二人都战死,于事无补,我当死守孤城,您可速去楚州,提兵赴援,可寻生路。"李全说:"数十万劲敌,很难抵御。如果我出城,主帅离开,城池很快就会陷落,不如兄长前去求援。"于是,李福离开青州,轻骑星夜去楚州搬取救兵。

就在李全苦战青州之时,腐朽的南宋当局认为李全被困,生死不明,不但不派援军,反而认为这是兼并"忠义军"的大好时机,便派总管夏全陈兵楚州城下。杨妙真独守楚州,形势危急。宋军夏全收买义军将领张林、邢德等人,密谋杀害杨妙真、李福。杨妙真因事外出得免,李福和李全次子均遇害。

李全在青州苦苦支撑一年之久，运粮的驿道被蒙军切断，粮食吃光了，杀战马以食，战马尽，人相食，但宋军援兵却始终不到。原先青州城内数十万军民，饿死者相枕积，只存活数千人。李全想自杀报国，被部下救起。

坚持了一年后，第二年五月，李全忽闻宋军袭击"忠义军"，兄长李福和儿子遇害，人头被送到南宋朝廷，为之大哭。一怒之下，便投降了蒙古军队。李全降蒙后，被授山东淮南行省，代蒙古专制山东，随即与杨妙真率部攻打楚州，杀张林、邢德。

这时，李全仍然心仪南宋，砍断左手一指，表示归南的决心。孛鲁十分器重这位降将，在此之前能和蒙军对峙那么久的中原将领不多，知道李全在人民群众中的威信，见其笃志不移，就把他放了。但南宋朝廷对李全并不信任，多方制约。绍定三年（公元1230年），李全的运送粮草的船只被盐城的宋军夺走。李全大怒，起兵水陆数万，进攻盐城。南宋当局慌了手脚，马上安抚李全，宋相史弥远许以15000人的粮饷，并封他为两镇节度使，令其退兵。李全不受，说："朝廷拿我当小孩子对待，哭了就喂个果子！"南宋十分恐慌和恼怒，只好聚集大军进"剿"。两军在扬州城外大战，宋军挫败李全数次进攻，其后，见李全越打越勇，宋军将领便假装要向李全投降，暗中却选数千精兵潜伏西城门。李全不知是计，仍率部长驱直入，及至宋军伏兵杀出，方知不妙，无奈阵脚已乱，兵卒被宋军砍杀无数，李全自己马陷泥淖，也被宋军乱枪刺死。紧接着，宋军10万攻陷楚州，"无论老幼皆杀之，烧寨栅万余家""哭声震天"。

在扬州，李全被袭杀后，军队被打散。杨妙真率残部走淮安。5月，红袄军的根据地淮安等五城俱为宋军攻破。杨妙真据守大城。于是，她便对部将郑衍德等人说："二十年梨花枪，天下无敌手。现在大势已去。你们之所以未降，只是因为我还在。杀我而降，你们肯定又不忍心。这样谁会纳你们的降？现在我要回涟水养老。你们可以对宋朝廷说准备杀我归顺，但被我发觉，已经把我赶过淮水。以此请降怎么样？"部下同意。次日，她就北渡淮水，与李全养子（一说是亲子）李璮返回山东涟水，归顺蒙古元朝。绍定四年（1231年），杨妙真觐见蒙古大汗窝阔台，继李全管理山东、淮北一带，名义上受蒙古招安，实际上保持独立。两年后，杨妙真逝世，她和李全被当作金朝、蒙古和南宋三朝叛将，归入叛臣传。

杨家枪和杨家将无关

枪这种武器，是在五代时期崛起，在宋代兴盛起来的。到了明代，已经形成了多种成熟的套路。比如石家枪、沙家枪、少林枪、峨嵋枪，当然还有杨家枪。

一般人望文生义，就认为那是杨家将传下来的，其实不然。杨家枪确实形成于宋朝，但不是在北宋，而是在南宋末年，当时也称梨花枪。创始人是一位了不起的奇女子杨妙真。

史书说她武艺高强，美貌出众，兼有才智，可称一位集才女美女于一身的绝代佳人。像她这样文武全才的美人，纵观上下五千年，也找不出几个。杨妙真最厉害的武艺就是枪法，她嫁给李全后，结合夫婿的枪法，精心创造出杨家梨花枪。

杨家梨花枪有多厉害呢？后来明朝抗倭名将戚继光在《纪效新书》中写道："夫长枪之法，始于杨氏，谓之曰'梨花'，天下咸尚之……其用惟杨家之法，手执枪根，出枪甚长，有虚实，有奇正，有虚虚实实，有奇奇正正，其进锐，其退速，其势险，其节短，不动如山，动如雷震，故曰'二十年梨花枪，天下无敌手'，信其然乎！"还将其改进后教授士卒，其精妙可见一斑。

◎ 蒙古驸马——李□

山东世侯

李璮，字松寿，李全之子，一说为李全养子，因改姓更名，并以李全原籍益都潍州（今山东潍坊）为己籍。

李全死后，残部推全妻杨妙真权主军务，退回山东。1232年，杨代入觐，得袭夫职。因此主持华北财政的耶律楚材称她为"杨行省"。杨妙真领山东益都行省的时间似乎不长，便引退辞任。益都行省之职即由李璮继承，时在窝阔台汗前期。1233年，蒙古并委任散术台氏纯只海为益都行省军民达鲁花赤。

李璮受任前后，其势力似尚局限于益都一路之地。蒙古灭金前一年，益都周围地区多不在李璮集团手中。然而，此后不到十年，他的势力就逐渐伸展到益都以东和东南的差不多整个山东半岛。不过，他虽然保持着"山东淮南等路行省相公"的称号，实际上未曾控制过位于淮南的宋朝边地。1252年，李璮攻占宋北境的海州，将州治从位于海岛的东海县移回旧址。蒙哥汗后期，璮又出兵攻拔涟水相连四城，与宋隔河相峙。

当时，李璮已经是汉地实力最强大的世侯，自其父以来统治山东东部达三十余年。李璮采取各种方式巩固自己的权力。益都民户在窝阔台朝丙申（公元1236年）分封时被划为成吉思汗幼弟铁木格斡赤斤的份子。李璮娶成吉思汗幼弟铁木格斡赤斤的嫡孙塔察儿的妹妹为妻，即黄金家族中"东诸侯"之长，当为李璮在北方诸侯中表现最为桀骜不驯的重要原因。益都地处蒙宋对峙的战略要冲,也经常被李璮利用来挟敌国以要朝廷。蒙哥汗时期几次征调诸路兵,李璮都不至。在辖地之内,他还试图延揽人心,修缮荒废多年的试院、文庙,招聘儒生。

公元1259年,蒙哥汗死于四川攻宋前线。蒙古黄金家族内部随即爆发了忽必烈、阿里不哥兄弟争夺汗位的战争。中统年间,忽必烈不得不以相当的兵力应付盘踞漠北的阿里不哥。李璮显然是想利用这种形势,对忽必烈政权的违抗态度也越来越不加掩饰。忽必烈亲征北边,李璮有精兵七、八万,却独以御宋为辞,一兵不发。大汗回京以后,诸侯纷纷朝觐,惟李璮不至。李璮还以防御宋朝为名,擅自修益都城防,以砖石筑墙,外掘深堑。蒙古普遍禁止华北修置城壁,李璮的举动,确实是异乎寻常的。李璮并散遣部下到辖境外以高价与政府争购军马。

公元1260年以后,北方地区通用元朝发行的中统钞,惟有李璮境拒绝中统钞,而使用宋政府发行的纸币会子。他与北方其它世侯之间窥测时势,批评朝政的联络活动也相当频繁。李璮与其同乡首任中书省平章政事王文统之间更保持着密切的联系。

元朝是中国古代史上纸币的鼎盛时代。成吉思汗时代的蒙古国,以白银为市贸流通,其后受宋、金影响,开始在占领区内发行纸币。中统元年(1260年)忽必烈登基后,发行以丝为本的交钞,并在十月进一步推出"中统元宝交钞",一直行用到元末。这种钞票发行之初,以白银为本位,任何人持中统钞都可按银价到官库兑换成白银。至元二十二年(1285年)起,全国禁用银钱市货,中统元宝交钞成为国内唯一合法的流通货币。这在世界货币史上是一个伟大创举,除蒙古占领区的伊儿汗国发行纸币以外,印度、朝鲜、日本等国也效仿元朝发行过纸币。《马可·波罗游记》中的"大汗的纸币"更是令欧洲人惊叹。"中统元宝交钞壹贯文省"是最早公布的元钞实物,为树皮纸印造。图中所示残品现藏于圣彼得堡艾尔米塔什博物馆,完整钞样现藏于咸阳博物馆。

公元1261年,忽必烈再次率军亲征漠北蒙古亲王。李璮抓住这个机会准备叛乱。不料忽必烈火速回京。但这时李璮箭在弦上,无法后退。他召回留燕京为质的儿子李彦简后,马上下令尽杀境内蒙古戍军,宣布以涟、海等城献于南宋,反叛元朝。

李璮举事之前,朝廷对他的用心即已有所察觉。大家都说李璮必反。由于当日北边有事,中原守备空虚,忽必烈只能对他进行安抚、姑息,将他暂时稳住。李璮子李彦简逃归山东,忽必烈立即召见谋臣姚枢,要他预测李璮的目的。当时,姚枢认为,李璮有三种战略可供选择:"一是乘忽必烈北征时,沿海而上,只捣燕京,然后闭居庸关,抗拒元北征之师于居庸关之外,这是上策;二是求援宋朝,负城坚守,做持久战,这是中策;三是,出兵济南,然后等待山东诸侯群起响应,这就是下策了。"忽必烈追问"那李璮会选择那一个",姚枢微微一笑,断然回答:"出下策。"事态的发展,完全证实了姚枢的看法。

李璮起兵时,事先曾向南宋求援,但南宋因为其父的缘故(参见李全部分),要李璮献出涟、海等城,以示真诚。李璮同意,南宋正式接收涟海诸城,这才封李璮为保信宁武军节度使。南宋两淮边军乘李璮之乱,在滕(今山东滕县)、徐(今江苏徐州)、邳(今江苏邳县)、宿(今安徽宿县)一线频频出攻。李璮也没有向南支援宋军。可见他并无与宋朝合作的诚意,也根本没有认真考虑过"求援宋朝,负城坚守"的策略。李璮返益都不久,即进据济南,此后顿兵济南城下达两月之久,终于被蒙古军团团围住。他也根本没有奔袭燕京,拒蒙古北征之师于居庸关之外,乘中原人心未定,以乱求变的胆魄。他采取的,恰恰是姚枢所说的"下策",即出兵济南,坐待山东诸侯应援。

蒙古军让山东各地城镇修筑被拆毁的城垣以防御李璮,随即又分别由北、南两路向济南靠拢,准备将李璮的势力封锁在山东。但是,李璮比元军抢先一步抵达济南。张宏在告变京师途中遇讨璮的蒙古军,遂充前锋回攻济南。在益都一线相峙。他虽然也屡次出击蒙古军,但是总的战略意图都是用主力固守济南,坐待北方世侯的响应。以致在最关键的几十天里,他在军事上竟一无进展。

辽金以来,汉人的政权已经失去在北方的统治好几百年了,以宋为正朔的观念在北方淡漠已久,因此恢复宋室的号召很难有多少政治感召力;汉人世侯们亲眼看到了蒙古军队的作战能力,所以满足于割据一方的实权和地位;李璮满以为这些对蒙古统治同样心怀不满的军阀会响应他。结果却是应者寥寥。大世侯如史天泽、严忠范等都服从忽必烈的调遣来进攻他。其实这些世侯投靠蒙古已久,相互间早已结成了俱荣俱损的利益关系;而忽必烈又与以前诸汗不同,颇得中原人心,并且依托汉地人力物力的支持,战胜了漠北阿里不哥势力,进一步把汉人世侯笼络到自己周围。他们既已在新政权中找到了自己的位置,不肯轻易冒险背叛。李璮称乱后即传檄各路,结果只有太原路总管李毅奴哥,达鲁花赤戴曲薛以及邳州万户张邦直响应。其它人非但不起而支持,而且多在蒙古军督责之下带兵参加对他的围剿。李璮把成功的赌注完全压在不切实际的空想上,结果只能一步步地将自己引向坐而待毙的死路。

就在李璮踌躇不前的时候,蒙古军逐渐完成了围攻济南的军事部署。四月初,济南郊外已集结了蒙古军十七路人马,高丽军队也奉调助攻。蒙古军开始树栅凿堑,围困济南。四月底,诏右丞相史天泽专征山东,诸将皆受节度。史天泽接受军前行中书省参议宋子贞的建议,与前线统帅宗王合必赤商定,急增深沟高垒,"以岁月毙之"(《元史·史天泽传》)。五月初,蒙古军又在原有围城工事基础上进一步构筑环城。是月中旬,济南被完全困死。从此李璮身陷孤城,不复得出。

李璮唯一的援军南宋也不能给他有效的支持。宋军由蒙宋边境向北推进,占领亳、滕、徐、宿、邳等州,另一支宋军约由海路绕过山东半岛,在滨州海滩登陆,克利津等县,转战至沧州。但是,北进宋军随即遭到蒙古军和汉军合力堵击，被迫节节南退。进至滨州、沧州等地的宋军亦因势单力薄难以有所作为。这样，困守济南的李璮部五六万人，完全陷入了坐以待毙的孤军境地。

济南城中的士气逐渐衰落。粮饷日渐不支。至六月中旬，城内粮尽力竭，甚至截下房屋木材拌盐来饲养马。全城人情溃散。李璮本人也情绪低落，每天都昏沉沉不言不语。后来李璮勉强整军出战，希冀突围。但因缺粮乏力，被蒙古军掩杀，仓皇退回城内。守军由是陆续缒城而出。李璮坐庭中，以镊摘去长髭，吩咐众人出，各讨路去逃生。当日城溃。璮自手刃爱妾，乘舟自投城内大明湖中，因水浅未死，被蒙古军捉获。

李璮被擒后，即被带到宗王合必赤帐前。史天泽向合必赤建言："宜即诛之，以安人心。"随即由史天泽等人会审李璮。史天泽问李璮："为何不下拜？"李璮不答。又问："忽必烈有什么亏待你的地方？"李璮反问：'你有文书约我起兵，为何背盟？'史天泽马上叫来一个黄眼回回砍去李璮两臂，再次除两足，开膛吃其心肝，然后割其肉，最后才斩首。看来史天泽很担心李璮会更多地暴露北方世侯之间在私下窥测时局，指摘朝政，甚至语涉反意的隐密，因此一反"慎密谦退"的稳重作风，在军前擅命处死李璮。

翌日，史天泽即引军东行，"未至益都，城中人已开门迎降"。李璮之乱至此完全平息。

史天泽

元朝名将。字润甫，永清（今属河北）人。公元1225年春，接替其兄史天倪都元帅职。不久率军击败金将武仙，俘杀抗蒙红袄军将领彭义斌，攻克赵州、真定（今河北赵县、正定）等地，公元1229年授为五路万户。次年冬，配合蒙古军主力击败金援兵10万，攻克卫州（今河南汲县）。后又参与围蔡州（今河南汝南）之战，灭亡金朝。此后挥军攻襄阳（今属湖北），淹杀宋兵万计；率兵攻复州（今湖北沔阳），亲擂战鼓大破

第六章 乱世儿女
——山东李氏

宋军；随蒙哥入蜀，受命阻击宋军水师，三战三捷。中统二年（公元1261年），任中书右丞相。三年，率军围攻济南，擒杀叛将李璮。至元六年（公元1269年），参与运筹长期围困襄阳之策，为后来攻克此军事重镇提供了条件。十一年，又与丞相伯颜统兵分路攻宋，至郢州（今湖北钟祥）因病离职。次年二月卒于真定。他出将入相近50年，多谋善断，量敌用兵，主张攻心为上，力戒杀掠。

汉臣的末落

李璮起兵，只局限于益都、济南一隅，而且起兵五月即败死。但是，李璮起兵的爆发却对忽必烈的统治政策和当时的政局产生了深远的影响。

金朝末年，各地地主武装，据地自保，形成了具有强大势力的军阀。蒙古侵金，他们投降了蒙古，继续各据一方，世袭兵权，有如藩镇。真定史氏（天泽）、满城张氏（柔）、东平严氏（实）、济南张氏（宏），是其中最强大的几家。忽必烈依靠他们的支持取得汗位，也依靠他们的兵力迅速镇压了李璮，但李璮之乱也暴露出汉人军阀势力的发展对蒙古统治的严重威胁。

李璮败后，一些儒臣上书，说乱事之起，是由于诸侯权太重。姚枢奏请"罢世侯，置牧守"，即解除军阀世袭的兵权，在地方上实行兵民分治。李璮败后，张弘略解除兵职，宿卫京师。第九子张弘范也罢免军职。忽必烈又在地方实行军民分治，分益都军民为二，董文炳领军，撒吉思领民。以后这一制度在各地推广，诸路管民官理民事，管军官掌兵戎，从而把各地的兵权进一步集中到朝廷。

忽必烈初建国，沿袭金朝中书省的制度，任命王文统等为中书省官。王文统原在李璮的幕府，又以女儿嫁李璮。李璮乱起，人们揭露王文统曾派儿子王荛与李璮通消息。忽必烈查出王文统与李璮的通信，内有

"期甲子"的话。王文统辨解说：到甲子，还有好几年。我说这话，是要推迟他的反期。忽必烈召窦默、姚枢、王鹗、僧子聪及张柔等至，拿出王文统的书信，说："你们说文统应当得什么罪！"诸臣都说"当死！"公元1262年二月，忽必烈杀王文统及其子王荛。从此对汉人幕僚增加了疑虑，逐渐疏远。

王文统

元初政治家。字以道。金大定府（今内蒙古宁城西）人。金亡前后，王文统以所学权谋之术游说诸侯，后投奔益都行省李璮，被留为幕僚。中统元年（公元1260年），元世祖忽必烈即位，提拔王文统任中书省平章政事，行中书省事于燕京，主管中原汉地政务。王文统执政后，设立十路宣抚司分管各地，颁布一系列条画，以革除赋税、吏治诸方面的积弊；发行中统元宝交钞，并制订了严密的钞法；选用人才，分立中书左三部、右三部，以健全政府机构为元朝各项制度的奠定起了重要作用。他所推行的改革措施，一定程度上限制了蒙古、色目贵族的任意搜括，使国家财政收入大增，以此，深受忽必烈的信任。中统三年，李璮发动叛乱。王文统因与李璮的关系受到牵连，以同谋罪被处死。

随着蒙古向西方的侵掠，西域和中亚一带的各族人陆续随军东来，也有些人径来汉地经商。他们原属于不同的国家和民族。来到汉地后，统被称为"色目人"，即"诸色名目"人。从窝阔台任用耶律楚材和奥都剌合蛮以来，蒙古统治集团中就已存在着倚用汉人（包括汉化的契丹、女真人），还是倚用色目人的争论。中统初，忽必烈大力倚靠汉人武将文臣以建立起他的统治，色目人处在次要的地位。

李璮、王文统败亡后，色目人群起向忽必烈进谗说："回回虽时盗国钱物，未若秀才（指汉人官员）敢为反逆"。色目官员多以经商理财擅长。他们是来自中亚的个别分子，可以帮助元朝统治者搜括财富，又不致像汉人军阀那样形成武装叛乱集团。李璮乱后，忽必烈在不得不继续任用汉人的同时，开始重用色目人。

总之，李璮之乱致使忽必烈失去对汉人的信任，大力起用色目人，引起统治集团中蒙汉色目之间的重重矛盾，由此出现长期的纷争，最终埋下元朝败亡的伏笔。

李氏的历史名人

李姓人大体出自于两大系源：一是陇西郡，即现在的甘肃省境，一是赵郡，即现在的河北省境。历史上的李姓名人，多得不胜枚举，在这里，我们只能略举一二。李耳（即老子），春秋时期的思想家，著有《道德经》，是道家的创始人。汉时的名将李广，是令匈奴闻风丧胆的"飞将军"。还有秦代的著名政治家李斯，西汉音乐家李延年等都是人皆熟知的人物。唐朝，是李家建立的在中国历史上最声威远播的一个朝代。唐朝的强盛，也带来了李姓的日渐兴旺，唐时的李姓名人，比比皆是。在开创贞观、开元之治的唐太宗李世民和唐玄宗李隆基两位唐朝最高统治者，更有诗人李白、李绅、李峤、李顾、李贺、李商隐等，还有书法家李邕，画家李昭道、李思训，史学家李百药，军事家李靖等人，都是李氏中的英才俊杰。唐之后的李氏仍然代不乏人，例如，五代时有词人李煜，画家李成；宋时有女词人李清照，文学家李昉，画家李公麟；元代时有数学家李冶，画家李衎；明代时有思想家李贽，诗人李东阳，医药学家李时珍；清代有文学家李调元，戏曲理论家李渔，小说家李汝珍、李宝嘉，数学家李善兰；近代则有中共创始人之一的李大钊，地质学家李四光等，都是李姓中的杰出代表。

第七章　春风麦秀使人愁——枣阳孟氏

孟姓的来源有两支，一支出自姬姓。鲁桓公有子名庆父，即鲁庄公之弟，庆父在桓公时被分封建氏，称为仲孙氏。后因国家发生内乱，庆父逃亡莒国，并改称孟孙氏。他死后，其子公孙敖继承爵位，仍称孟孙氏，后简称孟氏，也就这样出现了孟姓。另一支出自春秋时代的卫国。卫襄公有位儿子叫縶，字公孟，称为公孟縶，其子孙以其字为姓，即公孟氏，后来有的省去了"公"字而成为孟氏。宋代民族矛盾尖锐，涌现出了许多名垂青史的民族英雄。一门忠烈的孟家最为世人所敬仰。孟氏一家祖孙几代人都通兵事。孟珙的四世祖孟安，尝从岳飞征战有功；祖父孟林，也是岳家军中一员；父亲孟宗政是宋代名将。孟珙的兄孟璟，弟孟璋与孟瑛，孟珙的儿子孟之经都协助孟珙屡立战功。父子兄弟齐上阵，公而忘私，国而忘家，这是中华民族的优秀品德，孟氏的表现，光前裕后。

代表人物：孟宗政　孟珙
对政局影响：孟宗政随从岳飞抗金　孟珙是南宋抵抗蒙古的中流砥柱
溯本追源：北方流民
家族兴衰：父子皆名将，其智勇号称无敌。孟珙的兄弟也是抗蒙古名将，与南宋共存亡
后世遗踪：孟氏一门忠烈，蒙古军逼襄阳，孟氏死战皆殁

◎ 身被血甲——孟宗政

枣阳之战

孟宗政，字德夫，绛州（山西新绛县）人。祖父孟安是岳飞部将，父亲孟林也是岳飞部属，孟安曾在岳飞军中立过战功，孟林从父抗金，孟宗政随军徙居随州枣阳（今属湖北）。孟宗政自幼豪伟，有胆略，善于治军，战守有方，并成长为抗击金军入侵的英雄。

宗政幼时随父出入疆场，养成一种豪迈的性格，胆略过人。开禧二年（公元1206年），金将完颜董率军攻襄阳（今属襄樊）、郢州（今钟祥），宗政血气方刚，率领义士据险游击，夺其辎重，金军仓皇而逃。宣抚使吴猎十分惊奇，推荐宗政为枣阳令，很快提升为秉义郎、京西钤辖，驻守襄阳。

嘉定十年（公元1217年），金军犯襄阳、枣阳，宗政奉命指挥神劲、报捷、忠义三军，与扈再兴、陈祥所率领的两军配合，喋血奋战，金军败走。枣阳围急，宗政急行军赶到，因其驰突如神，金军大骇，乘夜色苍茫而遁。其时，部下有亲信的仆人触犯了军令，宗政立斩不饶，军民皆服，因此能令行禁止，威震四方；在筑堤积水、修治城堞、训练士兵方面皆能顺利成功。在第二次取得胜利后的次年，即嘉定十一年，金帅完颜赛不带领步骑围城，孟宗政与扈再兴密切配合，经过3个月大小70余战，每战宗政必身先士卒，勇猛异常，锐不可当，金军每战必败。因这次战功，宗政转武德郎，并得到朝廷特赐的金带。

嘉定十二年（公元1219年）七月宋军与金军发生了第二次枣阳之战，此战是宗政平生最为艰苦之战。这一战也是冷兵器时代城市攻防战的典型战例。

十一年八月，蒙古军攻陷金太原。十二月，金宣宗提出与宋议和，被宋拒绝，河北形势为之发生变化。为改变这一不利局势，金为达到以战逼和进而巩固南部边防，解除背后威胁的目的，于十二年正月，兵分三路南下攻宋。以金将巴土鲁安等率西路军攻陕西；左副元帅仆散安贞率东路军攻淮南；完颜讹可率中路军攻京湖。在西起陕西东至江淮的广大地域，向宋军发动大规模的进攻。

是春，金西路军攻克凤州（今陕西凤县东北）后，于二月，再败宋军于黄牛堡（今陕西凤县东北），旋陷武休关（今陕西留坝东南），尔后，长驱直入，连克兴元府（今陕西南郑）、大安军（今陕西宁强）、洋州（今陕西洋县）等地。

金东路军连克濠州（今安徽凤阳东）、滁州（今属安徽）、光州（今河南潢川），尔后分兵取麻城（今属湖北）、六合（今属江苏）等地，游骑进至采石杨林渡（今安徽当涂北），宋廷大震。

中路完颜讹可的大军进围枣阳，孟宗政正在此地驻守。宗政率部用沙袋、糠囊筑垒以护城栅，并招募炮手以御金军。金军选精兵2000，号弩子手，架云梯、天桥攻城，被宋军击退。

金军于是掘城，以"掘深坑，防地道"作为对策，组织大批士兵在枣阳城下挖掘地道，采用"空洞"的攻击方式，破坏城墙的地基，使之坍塌。宗政则以毒烟回应，当敌军一打通城墙，他即施放毒烟烈火

金军为了防止宗政以毒烟烈火反击挖掘地道的士兵，保证穴攻的有效性，金军大量配备了湿毡以防烟火。地道很快挖好，枣阳城楼塌陷。

危急时刻，宗政迅速指挥士兵拆毁城楼，并在城墙塌陷处堆起木柴，燃起火山，以阻止金军前进，同时又在其后赶修"偃月城"，组建新的

防线。

金军也早料到宋军可能会用火山作为挡箭牌。此前在穴攻中发挥作用的毡再次派上了用场。金军将浸湿的革、毡压在火山上，阻止火势蔓延，同时选派身穿厚铠、毡衫、戴铁面具的重装步兵，架云梯攻上城墙。宗政则以长枪劲弩抵御，阻止其登城，并派步兵从城下夹攻，成功将敌人赶离城墙。

宗政与金军血战15阵，连败金军。金军屡攻不克，顿兵城下80余日。宋军见金军攻势日弱，知其气竭，遂回师枣阳，合攻金军。扈再兴败金军于滚河，再败金军于枣阳城南，宗政乘势从城中出击，内外合势，大败金军，杀3万余人。完颜讹可单骑逃遁，宋军乘势追至马镫山（今河南内乡西南），焚其寨，旋入邓州方还。此战，宗政依托坚城，以逸待劳，待金军久攻力疲，实施突然合击，击败金军，保卫了枣阳。

扈再兴

南宋将领。字叔起，淮人。为京西制置使赵方部将。有膂力，善机变，每战身先士卒，奋勇驰突。嘉定十年（公元1217年），金军攻襄阳（今属湖北省襄樊）、枣阳（今属湖北），与钤辖孟宗政、统制陈祥等分三阵设伏，佯退诱金军入伏，击杀甚众，以功授神劲军统制。十一年，金军数万复攻枣阳，奉命率师入援，与孟宗政合兵抗金三个月，后乘夜暗布铁蒺藜，黎明佯退，金军追击，伤者十之七八。十二年，金帅完颜讹可拥数万步骑强行攻城，与孟宗政纵敌涉濠，半渡击之，又令守坝将士佯退，待敌争坝时急击，致金军多坠水中，弃旗甲辎重而去，以功迁鄂州副都统。十四年，率军攻唐州（今河南省唐河），大败金军，擒金副统军衲挞达。不久病卒。

宗政升为武功大夫兼门宣赞舍人，重赐金带。从此金人呼为"孟爷爷"，不敢窥襄汉枣阳者数年。宗政成为百姓拥戴的保家卫国的英雄，许多逃亡在外的百姓纷纷归来。

忠顺军

宗政治军,正直无私,有功必赏,有罪必罚。好贤乐善,有口皆碑。他不曾读兵法,但是决策与兵法暗合。另外,他对佛教亦有所关心,在动员军队之际必定焚香。

宗政在世时,招收金朝境内的唐(今河南唐河)、邓(今属河南)、蔡(今汝南)三州壮士2万多人,编为"忠顺军",这些壮士的家人多被金兵迫害,所以个个身无牵挂且作战敢于用命,他们在抗金的战争中立下无数汗马功劳。可以说是大宋少有的精锐之师。放眼整个大宋,也只有忠顺军能与金朝和蒙古的骑兵面对面地打硬战,而且还是胜多负少。

绍定元年(公元1228年),又于枣阳城西创修平虏堰,溉田10万亩,由忠顺军与民户分屯;同时命忠顺军每家养马,官供刍粟,于是粮丰马增,忠顺军由是成为京湖第一强军,出没于唐、邓间,威振四方。后来因坚守钓鱼城而闻名的王坚就于嘉定十一年(1218年)七月加入"忠顺军",为宗政部下。

以鱼台一柱支半壁——王坚

王坚,邓州彭桥人。南宋嘉定时,王坚应募赴枣阳加入"忠顺军"。他作战勇敢且有谋略,升为劲军统制。公元1240年,蒙古军驻顺阳丹江沿岸,准备造船南侵江汉。坚潜兵烧毁其船材,自此崭露头角。蒙古军攻四川,王坚随孟珙入川御敌。公元1254年,升兴元府都统兼知合州,主持钓鱼城防务。

王坚知合州后,加固钓鱼城池。公元1258年,蒙古大汗蒙哥与其弟忽必烈等分三路出兵攻宋。蒙哥亲自驻钓鱼城东五里的石子山督战。王坚负险守城五个月,蒙古军不能下。七月,蒙哥命人于钓鱼城东门高地上筑台,探城中情势以谋决战。王坚在蒙古军筑台时已选好位置,当蒙哥上台瞭望时，王坚命人放炮将其击成重伤。次日又将池中两条30斤重的鲜鱼做成面饼投掷城下蒙古军，且致信蒙哥"尔再攻十年，城亦不可得"。蒙哥读后，伤痛迸发，不久死于钓鱼城下。蒙古军北还，合州围解。公元1260年，贾似道忌王坚战功，使帝诏坚回京城临安（今杭州）。公元1264年去世，谥"忠壮"。合州军民闻坚卒，立庙祀之，并建碑记其功。

嘉定十六年宗政病逝，边城为之罢市恸哭。宗政有四子，长子孟璟，次子孟珙，三子孟璋，四子孟瑛，都习兵练武，颇有父风，均为名将。尤其是孟珙，继承其父未竟之志，驰骋于抗金抗蒙前线，战功显赫，远远超过其父。

◎ 铁血丹心——孟珙

破蔡灭金

孟珙，字璞玉，自号无庵居士。生于1195年，卒于1246年。父祖都是抗金的著名将领，他从小跟父亲在军营中生活，耳濡目染，继承了前辈的爱国抗战精神，成为南宋抗击蒙古入侵的杰出将领，他在长江中上游地区的奋战，支撑了南宋朝廷30年。

公元1218年，金军长驱南下，进至樊城（今湖北樊城）附近的团山。孟珙随父领兵抗击，他对金军动向作出了准确的判断，向父亲说："敌人必然先袭击樊城，即将在罗家渡口过河。我们如果在那里设伏，一定能击败金兵。"孟宗政采纳了这个建议。第二天，金军果至，遭到孟氏父子的伏击，被歼灭一半。宗政父子在战阵中失散，孟珙望见敌骑中有白袍白马者，就说："那是我父亲。"急忙率骑兵突阵，在乱军中救出了父亲，因为军功提为进勇副尉。

在孟宗政于嘉定十六年（公元1223年），病死于枣阳任上后，所部归统属问题一直闹得军心不稳。忠顺军中的军士地区观念强，军中形成了邓州、唐州、蔡州三大势力。孟宗政在世时，他以本身的威望将三大势力强压住。孟宗政死后，宝庆三年（公元1227年）各军矛盾益发严重，几乎弄到自行解散的地步。幸得孟珙回到枣阳任职，统帅父亲的旧部"忠顺军"，那时，孟珙已随父抗金六年之久，在忠顺军内已有了很高的威望，他一上任，立时得到三大势力的支持。孟珙当心军中内乱再起，便将忠顺军根据原属地，分为邓、唐、蔡三军，军情遂得以稳定。当时孟珙只有二十八岁。

孟珙善于充实自己的力量，他借鉴其父组织忠顺军的宗旨，招集麻城、巴河、安乐矶、管公店沿边久经征战之士，组成"宁武军"；回鹘爱里八都鲁（改名艾忠孝）率壮士马匹来降，创建"飞鹘军"。他治军重视将帅之间的团结，军纪严明。权开州梁栋借口乏粮擅离职守，孟珙立令斩其首，以明"不许失弃寸土"之令，由是诸将奉命唯谨，不敢稍有懈怠或疏失。孟珙的军事思想最可贵的是兵以卫民为天职，民以养兵为义务，兵与民相依为命，"立砦栅"与"安耕种"相辅相成。这些措施和谋略很完善，对挽救当时的危难无疑是有益的。孟珙在生活上"远货色，绝滋味"，在学术上，邃于《易》，通佛学，自号"无庵居士"。他是一位文武双全、德才兼备的民族英雄，称他"忠君体国之念，可贯金石"不为过誉。

绍定六年（金天兴二年，蒙古窝阔台汗五年，公元1233年）十二月，蒙古军大举进攻金国，攻陷了金都开封（今河南开封），金哀宗逃到蔡州（今河南汝南）。金军准备迎接金哀宗入四川，于是进犯南宋。这

第七章 春风麦秀使人愁
——枣阳孟氏

时,金国的唐邓行省武仙、武天赐和邓守移剌瑗,三股金军结成犄角之势袭来。南宋王朝令孟珙驻守鄂州(今湖北武昌),讨伐武仙等部。孟珙分析了这三股金军的情况,决定先打弱者,后打强者。首先向武天赐军发动了进攻。武天赐是邓州(今河南邓县)人,农民出身,乘战乱之机,聚集20万人马,称霸一方。他的部队缺少训练、成份杂乱。孟珙率军直逼武天赐军,一阵猛冲,攻破了营寨,武天赐被杀,余部一哄而散。接着,孟珙集中兵力,一举击败移剌瑗军,迫使移剌瑗投降。随后又向武仙营地步步进逼。武仙率部退守石穴山、马蹬、岵山等九寨,据险顽抗。这时武仙的部将刘仪前来宋营投降,向孟珙报告了武仙的虚实情况,孟珙当即派兵奇袭敌寨,砍杀大量金兵。孟珙估计,武仙在遭到沉重打击之后,将会登上岵山顶观察宋营动静,便命部将樊文彬在岵山设伏。武仙果至,中了埋伏,纷纷溃逃。当天傍晚,孟珙进军至小水河,计划于次日早晨进攻武仙的老巢石穴寨。到了深夜,他一看天降大雨,却又改变了主意,决定立刻追击敌人。樊文彬不以为然,说:"还是按计划到明天吧。"孟珙说:"现在是最好的袭攻时机,正象唐朝李愬雪夜奔袭蔡州吴元济的时机一样。"于是率领部队,乘敌不备,一举攻破敌人老营,武仙只领五六个骑兵,狼狈逃走。孟珙接受降兵7万人,缴获兵器等物不计其数。金哀宗入四川的梦想落空。

同年八月,蒙古汗国与南宋王朝签订攻金盟约。南宋派孟珙率2万精兵,自带30万石军粮,与蒙古军合围金朝行都蔡州(今河南汝南)。十月,宋蒙两军会师。1234年正月,蔡州金军1万人从东门出城,与宋、蒙军对陈,孟珙领兵截断金军的退路,杀伤很多金兵。宋、蒙军乘势进至蔡州城下。

端平元年(公元1234)正月,蒙古军攻城北,孟珙所部宋军攻城南门。城外有一个柴潭(在城南,潭高出汝河五六尺),是蔡州城的天然屏障,易守难攻,宋军将领对此也都有顾虑。孟珙派兵从潭的两面挖开口子，潭水迅速流尽，然后用芦草填平道路，攻入南门。金哀宗当时正在进行传位给末帝完颜承麟的仪式，典礼刚完，南面已立宋帜。宋军首先攻入城内，而蒙古军还在西北城外与金军作战。孟珙部宋军打开西门，放下吊桥，接蒙古军进入城内。联军攻下蔡州，金哀宗自焚，金末帝为乱军所杀，金亡。孟珙跟蒙古帅倴盏分掉金帝骨灰，带同战俘一起凯旋归国，升武功郎，建康府都统制。

端平之祸

公元 1234 年正月，南宋背盟，企图进军中原。宋将赵葵，赵范提出趁蒙军北撤之机，收复洛阳与汴京，得到宋理宗的同意，遂于当年（宋端平元年）进军收复洛阳与汴京，但随即遭到蒙古反击，宋军战败，被迫从两京撤出，史称"端平入洛"，因此拉开蒙宋四十年战争的序幕。

端平入洛

指南宋在联合蒙古灭金朝后收复位于河南的原北宋东京开封府、西京河南府和南京应天府三京的军事行动，由于粮草不济以及没有骑兵等原因，最终被蒙古军大败而退回原来的防线。端平元年六月十二日，庐州知州全子才率淮西兵万余人收复原来东京开封府。半个月后，赵葵率兵五万抵达开封，这两支部队一路上收复的都是空城，无法从当地百姓那里筹集粮草。尽管如此，赵葵还是命令部队带了五天的口粮开赴西京河南府（即洛阳）。七月末，宋军到达洛阳后发现全洛阳城只剩下三百余户，和一座空城无异。占领洛阳的第二天，宋军一部就在城东遭蒙古军的伏击，几乎全军覆没。蒙古军进攻洛阳和宋军一部僵持。宋军在断粮四日的情况下被迫撤退。蒙古军趁机掩击，宋军大部被消灭。在开封留守的赵葵与全子才得知洛阳惨败后，再加上粮草不济，也被迫撤军。"端平入洛"以失败收场。

第七章 春风麦秀使人愁
——枣阳孟氏

端平入洛之后,理宗怠于政事,沉迷于声色犬马,朝政大坏。理宗两子早夭,因此最后理宗择其弟赵与芮之子赵禥为皇储。由于赵禥其母曾在怀孕期间服用过堕胎药,因此赵禥先天不足。景定元年(1260年)六月,理宗下诏立赵禥为太子。景定五年(1264年)十二月廿六日,理宗去世,赵禥即位,是为度宗。

赵禥即位后不理朝政,整日沉湎于声色犬马之中。右丞相贾似道因此擅权。贾似道结党营私,排斥异己。终日在葛岭别墅中与妻妾玩乐,由于他好斗蟋蟀,时人称他为"蟋蟀宰相"。他禁止前线战事让度宗了解。

端平二年(公元1235年),蒙军首次南侵,被击退。公元1236年,蒙古军进攻长江上游的军事重镇江陵(今湖北江陵)。孟珙奉命援救江陵,蒙古军见正面有孟珙军阻击,便兵分两路,企图迂回合围江陵。孟珙探知蒙军动向,立刻派部队到长江边,经常变换旌旗服饰,在江边循环往来;同时,又调沿岸百姓,每当夜晚来临,便在江边点起火炬,绵亘数十里,江岸被照得如同白昼。蒙古军摸不清宋军的虚实,孟珙乘机亲自指挥袭击蒙古军,连破24寨,夺回被掠军民2万多人。蒙古军只好转而围攻蕲州(今湖北蕲春)。孟珙及时出兵解了蕲州之围。

1237年十月,蒙古将军张柔率军再度南侵,屯黄州(今湖北黄岗)西北隅。孟珙入城回援,驻帐城楼指挥。见蒙古军欲乘船渡江,以战舰冲蒙古军船阵,蒙古军欲逃走,宋军四面合击,缴获船200艘。蒙古军复以步骑夺占东堤,孟珙挥军击退蒙古军,收复东堤。蒙古军遣回、河西兵增援。孟珙乘夜袭寨,致其惊乱,互相攻击。蒙古军白天挖地道攻城,焚团楼。孟珙率军奋战,并于城内筑月城,掘万人坑。1238年春,蒙古遣重刑囚犯自地道突入城中,尽堕坑中。宋军于月城上,发炮投石,蒙古军不能支,撤围而走。孟珙终于保住黄州,再一次打破蒙军度江南下的战略构想。尔后,南宋军民在抗蒙将领孟珙、余玠等人的指挥下,多次击败蒙军,使其不得不企图绕道而行,把目光投向湖北西部。

余玠

南宋末年抗战派将领。字义夫，蕲州（今湖北蕲春）人。少为白鹿洞诸生。宋理宗嘉熙三年（公元1239年），率军与元兵战于汴城和河阴。升兵部侍郎，特命为四川安抚制置使。在川设招贤馆。广泛征求防守四川的建议。播州（今贵州遵义）人冉琎、冉璞兄弟建议在重庆北边钓鱼山等处修筑山城，积粮设防。他采纳此议，命冉氏兄弟到合川修筑钓鱼山城。把各州治所移入城内，因山筑垒，屯兵积粮。绘成"经理西蜀图"送治理宗。经过整顿，四川驻军渐着声威。公元1250年，率诸将巡边，与元军大战于兴元（今陕西汉中市），公元1252年，又大战于嘉定。因守蜀有功，晋升为兵部尚书，仍驻四川。公元1253年，反战派谢方叔任左相，诬告他擅专大权，不知事君之礼。理宗想召他还朝，他知有变故，乃服毒自杀。

为了阻遏蒙军的计划，孟珙乘胜对蒙古军发起反攻。孟珙认为欲收复襄、樊，必先取郢以通粮饷，取荆门方可出奇兵。他率军先收复了郢州（今湖北钟祥），接着收复荆门（今湖北荆门）、信阳（今河南信阳），经过奋战，又收复了汉江流域的战略要地襄阳、樊城。孟珙在收复襄阳后，即奏请置重兵于襄阳，建立军事重镇。孟珙遂以江陵为基地，以襄阳为重镇，大兴屯田，训练军伍，使荆襄战场出现转机。随后，他以四川安抚使驻守江陵，继续抗蒙。1239年冬宋军又在他的部署下在大垭寨之战中击败蒙古军，他随后又乘胜遣军收复夔州，挫败了蒙古军从三峡入两湖的企图。

不久，孟珙调任四川宣抚使。他在对当时长江上游的军事政治情况作了研究之后，设立屯田赏罚制度，大力提倡和奖励百姓进行生产。在西起秭归（今湖北秭归），东到汉口（今湖北汉口）的长江北岸，设立20个屯田区，开垦18万多顷土地，并且挖河筑堰，兴修水利。孟珙实行屯田，使江陵外围地区水网交织，既可灌溉农田，又可作为阻挡蒙古骑兵的障碍，从而大大削弱了蒙古军的机动性。同时，他还选择险要地段，修筑要塞 11 处，另筑大型外围防御工事 10 处。这样就更加使战略重镇江陵的安全有了保障。

孟珙在宋蒙战争中屡战屡胜，但南宋朝廷面对强大的蒙古军队的入侵，动摇不定，战和之争不已。孟珙的许多抗敌策略不得朝廷采用，他竭尽全力，终不能扭转南宋的战局。孟珙曾叹："三十年收拾中原人心，我的志向不能实现了"。加上久经军旅积劳成疾，就申请退休。他以宁武军节度使致仕后不久就死去，享年 52 岁。孟珙临死时，还向其继任者大力推荐部下李庭芝。后来的实践证明，李庭芝确实才德非凡。朝廷追赐孟珙太师，谥号忠襄。由于孟珙主要功绩是抗元，所以脱脱主编的宋史对他的事迹语焉不详，可能参照野史才有更多发现。

李庭芝

李庭芝（公元 1219—公元 1276 年），字祥甫，原籍河南开封，后徙随州。他出生时因"芝产屋栋"而名"庭芝"。最得孟珙赏识，后为湖北安抚副使兼知峡州。咸淳六年公元 1270 年）正月，以京湖安抚制置使督师援襄阳（今属湖北襄樊），因受权相贾似道掣肘而失利，被贬官。次年十二月，元军破鄂州（今武汉武昌），率先应诏遣兵勤王。德佑元年（公元 1275 年）二月，宋军于丁家洲之战中大溃，沿江诸城不战而降，独率所部坚守扬州。元军屡攻不下，城中粮尽，仍率军民坚守不屈。二年初，宋谢太皇太后、恭帝降元，两次下诏促其投降，均遭拒绝。后闻元军押太后、恭帝至瓜洲（今扬州南），即遣军 4 万突围救两宫，未果。三月，斩元招降使，焚诏书，激励将士据城固守。七月，部将开城降元。李庭芝闻变投水，被元军俘至扬州，不屈而死。

孟氏的历史名人

孟氏的郡望在昌平郡,今京兆昌平县东南。毫无疑问,说到孟姓名人,当然得首推战国时期的大思想家、政治家孟子。孟子名轲,他对儒家学说的形成和发展起着重要的作用,其学说也对后来的宋儒有着极大的影响,被尊为"亚圣",在儒家学派中是地位仅次于孔子的大学问家。战国时期还有勇士孟贲、学者孟胜。西汉有今文易学"孟氏学"的开创者孟喜,东汉有才女孟光,三国时有孝子名臣孟宗,隋朝有农民起义领袖孟海公,唐代有名诗人孟浩然、孟郊、孟云卿,南宋有名将孟珙,元代有经学家孟梦恂,清初有戏曲家孟称舜,近代则有史学家孟森,教育家孟宪承等。孟姓人口众多,在当今中国百家大姓中位列第八十四位。

第八章 沧海横流——顺天张氏

张姓之源，可追溯至黄帝。《元和姓纂》记载，黄帝的第五子青阳，生子名挥，挥聪颖异常，他通过观看天上的弧星，而仿照其形状制造出弓矢，因此被赐姓张。"张"本义为弓上弦，引申为开弓，即必须用力将弓拉开才能使用弓矢，"张"就是根据此而来的。另外，还有一些史书也有提到张姓的其它来源，但数来源于黄帝的这一支最古老。

南宋末年，张弘范与张世杰本是族兄弟，却分别站在不同的阵营，最后相逢于苍茫大海，殊死一战后，张世杰杀身成仁，顺天张氏则成为和元朝血肉相连，同呼吸、共命运的汉族上层阶级。

代表人物：张弘范　张世杰
对政局影响：张弘范灭宋　张世杰救宋
溯本追源：河北汉人
家族兴衰：张弘范的后代成为元朝贵族，张世杰忠心报国，为著名忠臣。
后世遗踪：元明宗、元文宗兄弟与天顺帝争位，张氏陷入斗争，全家覆没

第八章 沧海横流
——顺天张氏

◎ 任意后人评说——张弘范

豪快天纵

张弘范,字仲畴,是蒙古万户张柔的第九个儿子。提起张柔,那可是蒙金时期鼎鼎大名的人物。元太祖八年(公元1213年),蒙古军南下中原,接着金都南迁,从中都(今北京)迁到汴梁(今河南开封),以避蒙古之军锋。张柔以地方豪强的身份,聚集乡邻亲族数千余家结寨自保,金任命他为定兴令。后来又升迁至中都留守兼知大兴事。元太祖十三年(1218年)他与蒙古军战于狼牙岭(今河北易县紫荆关附近的狼牙山一带)。兵败被俘,降于蒙古,元太祖仍命他担任旧职。当时蒙古人对各地归降的官僚、军阀等多沿用金朝官称,仍让他担任旧职。在此期间,张柔扩张势力,占领了以保州(今河北保定)为中心的三十多座城市。元太祖二十年(公元公元1125年)蒙古人任命他为行军千户,保州等处都元帅,势力大大扩张。元太宗四年随蒙古将军速不台围金之汴京。元太宗五年(公元1233年)金元帅崔立献汴京城投降,张柔又随塔察儿攻克蔡州,金亡。这一年张柔入觐元太宗窝阔台汗,因功被窝阔台提升为万户,兼管军民,成为独霸一方的汉军首领。

在金元之际,蒙古在其占领的牛原地区,除了派达鲁花赤(蒙语镇守者、管事官之音译)进行政治监督,派探马赤军进行军事控制外,在很大程度上也依靠汉人地主武装的头目来维持其统治。这些头目,当时称之为"世侯"。他们集军、民、财权于一身,称霸一方。在权力继承上父子相袭，兄终弟及。其中有见识的一部分世侯，为了在自己势力范围内实行有效的、巩固的统治，为了保存中原文化传统，纷纷开设幕府，延纳流落在各地的汉族士大夫。张柔正是这批世侯中的翘楚，他在蒙古灭金战役中战功显赫，与史天泽、严实等人齐名。

探马赤军

蒙古和元朝的一种军队。蒙古国时期，从各千户、百户和部落中拣选士兵，组成精锐部队，在野战和攻打城堡时充当先锋，战事结束后驻扎镇戍于被征服地区，称为探马赤军。与蒙古军由各自千户的士兵编成不同，探马赤军是由各部拣选的士兵混合组成的，因而《经世大典·序录》上说："探马赤则诸部族也。"公元1217年，成吉思汗命木华黎攻金，从兀鲁兀、忙兀、札剌亦儿、弘吉剌、亦乞烈思五个蒙古部落的各千户、百户中，挑选矫捷有力的士兵组成五投下探马赤军。这支部队屡立战功，驻屯中原。窝阔台汗时，命搠里蛮（又译绰儿马罕）出征波斯，作探马赤军留在该地镇戍；也速迭儿征高丽，在那里作探马赤军镇守。

有元一代，始终保持探马赤军的建制。"探马赤（tammai）"意为"探马官"。对"探马"一词，学界考释甚多。有的认为此即汉语"探马"，指先锋；有的认为"探马赤"来自突厥语"达摩支"（泛称达官，见《大慈恩寺三藏法师传》）；也有人认为来自契丹语"挞马"（扈从官，见《辽史·国语解》）；还有的认为来自蒙古语语根Tama，意为"收集"。

张柔虽是武将，却深慕中原文化，着意延纳流落民间的汉族士大夫。攻占汴京时，许多将领抢掠子女玉帛，他却抢出了《金实录》这部珍贵文献，在这次战役中他还从屠戮战俘的刑场上救出了金朝最后一科的状元王鹗。将他接回他的大本营保定，留置于自己的幕府中。他的幕僚除了王鹗外，还有乐夔、敬铉、郝经等人，都是极一时之选的英俊人才。王鹗在张柔幕府中生活了十几年，太宗后乃马真氏三年（1244年）被忽必烈召征至其藩邸，后来又被拔置在翰林院工作。前后十年间凡大诰命、

第八章 沧海横流
——顺天张氏

大典册皆出其手。敬铉后来官至中都提学，着《春秋备忘》一书，是元泰定间中书平章政事敬俨的叔祖。郝经更是当时文士中极有见识的人。他提出"用中国传统的方式治理中国的就可以做中国的皇帝"这样一种政治理论来为蒙古政权的迅速汉化作舆论。他在张柔幕府中生活了二十五年左右，后来成为忽必烈创建元朝的智囊团骨干人物。蒙哥汗逝世后，他向忽必烈提出《班师议》，主张先与宋议和，轻骑北返，以便赢得时间，组织力量与其幼弟阿里不哥争夺汗位。忽必烈正是采纳了郝经的建议，取得胜利，建立了元朝。张柔这批幕僚在忽必烈前期政治中确曾起过不小的作用。

元太宗十年（公元1238年），张柔四十九岁时，他的九子张弘范出生了，金已经亡国四年了，所以他说不上是金的臣民。张弘范有八个哥哥，两个弟弟，张家在元初是有名的藏书家，据说藏书过万卷。郝经很长一个时期是张柔为子弟们礼聘的家庭教师，张弘范当然也是郝经的门下士之一。在这样的熏陶下，张弘范迅速成长为一个文武全才的年轻将领。元宪宗蒙哥六年（1256年）时，二十岁的张弘范已经成人。他不仅是骑射能手，而且以善于马上舞槊（即古代的武器长矛）知名一时。当时男子成年都有蓄须的风尚。张弘范长须拂胸，丰采翩翩，算得上一位美髯公。诗歌也写得爽郎可通，很有特色。他的作品不留底稿，随手散落，后来有人为他网罗遗佚，刻印了一部诗集，即现在传世的《淮阳集》。总之，当元朝开国之初，由于出身和教养，他属于上升阶层中的新一代人物，在他身上河朔豪士生气勃勃的色彩似乎比贵胄子弟们的纨绔习气要强烈一些。

这一年，时任顺天路总管的张弘略，要赴皇帝驻地述职，于是留下张弘范代司其职，这给他提供了展示其行政管理才能的绝好机会。他决意要改革风气，严格整顿纪纲。当时，蒙古军残暴，所过扰民，张弘范认为："我们国家是有法制的，令行禁止，不允许有违法的。

凡不遵守法度的，都要绳之以法。"只要在顺天府境内闹事，张弘范必定"仗而遣之"，决不留情，许多违反军队风纪的蒙古兵都受了处分，不少人挨了军棍。蒙军畏其威严，过境无敢犯者，从此以后，风清弊绝，耳目一新。

公元1260年，忽必烈继位，改元中统，张弘范被任命为御用局总管，由此受知于忽必烈。公元1262年，盘踞济南的汉人军阀李璮起兵叛乱，忽必烈命令张柔和张弘范率兵二千迅速来大都（今北京）亲自检阅，并立即任命张弘范为行军总管。这个职务相当于一个纵队司令官。张弘范这时才二十六岁。正是在这次战役中，26岁的张弘范指挥若定，建立奇功，初显一代名将的风采。

当时，张弘范军于济南城西，李璮屡次出兵反击围城军，却偏偏漏过张弘范，这个诡计没有得逞，张弘范判断："我军营于险地，李璮故意示弱于我，必以奇兵来袭，以为我不知道！"于是严加戒备，兴筑长垒，内伏甲士，外设壕沟，开东门以待之。

次日，李璮果然率兵夜袭劫营，而士卒多陷入壕沟中，少数突入营垒者，也都被张弘范伏兵消灭，这次战役还擒获敌将两员，老父张柔听说后赞道："真吾子也。"

张弘范治军颇得古今名将之法，他生平仰慕五代时楚国名将王环，并效其所为，士卒凡有疾病创伤，一定亲往探视，照顾医药；不幸死亡的，一定要把柩骨送回故乡；凡有赏赐，必定分给部属；正是因为如此，张弘范深得军心，威望日隆。至元元年（1264年）他八哥张弘略调至京城充任宿卫（蒙语称为怯薛，是为皇帝轮流值宿守卫的禁卫军，后来发展成为元代官僚阶层的核心）。忽必烈在张柔诸子中特别选拔出张弘范来代替张弘略的工作，把金虎符亲自交给他，正式任命他为顺天路管民总管。佩带金虎符在当时是一种特殊荣誉，也是享有特权的标志。这一年他整二十八岁，在朝廷青年贵族群中，他是一个崭露头角的新星。正巧这一年也是他长子张珪出生之年，张珪是这个家族第三代中的名人，是元朝后期的名臣。

也许是郝经的教诲，张弘范为官，重视民间疾苦。至元二年（1265年），他由顺天调任大名。未上任之前，他改穿便服微行出访，到各处调查民间疾苦。发现了收租的官吏们非法加派，群众怨声载道。于是他上任后第一件事就是惩办那些不法的仓吏。由于这些措施，很快就取得群众的拥护。那年又适逢大水，他没有请示就决定免除了灾区的全部租赋。管理财赋的部门认为他犯了"专擅之罪"，要给他以处分。为此，他请求赴大都直接向皇帝申诉。见忽必烈后，忽必烈问他："你有什么要申诉的？"他说："我以为国家把粮食存在小仓库里。不如存在大仓库里好。老百姓因为遭了水灾，交纳不上粮。如果一定要从农民口里夺取粮食，政府的小仓库当然会充实起来，但老百姓就会死绝了。等明年就会一粒粮也收不到。首先要让人民活下来，以后才会年年有收获、家家有余粮。农民有了余粮，那不都是国家的粮食吗？这就是我所说的大仓库。"忽必烈点头称赞，夸奖他懂得治国的大道理，就不再追究他的专擅之罪了。

横槊酾酒

公元1269年，元朝与南宋之间围绕襄阳的攻防战进入关键时刻，元围困襄阳的军队大部分是平叛后改编了的李檀旧部，以勇狠骄悍难加管束著称。元政府正发愁难以物色到一个既有能耐又得军心的将领来统帅这支队伍。恰巧有人提到张弘范的名字，忽必烈立刻想到这正是他所要选择的人，马上就任命他担任益都、淄莱等路行军万户。攻宋战役的总指挥是丞相伯颜。张弘范向伯颜建议，用重兵围困襄阳，首先应切断襄阳的粮道。伯颜采纳了这项建议，并且就派张弘范负责万山粮道的把守。

来自波斯的伯颜将军

元代蒙古军事家，蒙古八邻部人。他的曾祖父失儿古额秃原臣属泰亦赤兀部首领，后臣属成吉思汗。他的祖父阿拉黑、祖叔父纳牙阿都是成吉思汗的开国元勋，分别担任千户长、中央万户长。他的父亲晓古台和他本人臣属成吉思汗幼子托雷家族。公元1253年，跟随旭烈兀（托雷子）西征波斯。公元1265年作为伊利汗国使团的成员拜见忽必烈，忽必烈汗将他留在身边。公元1267年任中书右丞，同知枢密院事，主持伐宋的军政大事。公元1273年，忽必烈汗任命他为伐宋军最高统帅。次年，率二十万大军向南宋进攻。九月，攻下鄂州（武昌）后，继续进攻，公元1275年三月攻占建康（今南京市），由长江东下，公元1276年三月攻破临安（今杭州市），俘谢太后、恭帝等而返。后长期在北方与海都作战。公元1294年，忽必烈汗逝世。他遵行忽必烈汗遗言，扶持成宗即位于上都，同年腊月（公元1295年初）病故。

稍后，张弘范率军千人移驻万山筑城，城池刚刚完工，宋将夏贵突率大军掩至，部下以众寡悬殊，请求撤退。张弘范斩钉截铁地回答"大家为什么来这里？敌人来了不正是我们的事吗？敢言退者死！"言毕披甲上马，与偏将李庭率骑兵二百人出阵，大破宋军。

公元1271年，张弘范在襄樊之间，筑"一字城"，"一字城"像一把锐利的宝剑，把原来是一个整体的襄樊宋军军事防区，切割成两份。

这样，包围圈进一步逼近樊城。第二年攻打樊城时，张弘范肘部中了流矢。他把伤口裹扎了一下，马上就到大本营晋见主帅，提出只要樊城攻下，襄阳也就无险可守了，应以水师截江道，断绝樊城救援，然后水陆并进的作战方案。结果，元军经过轮番进攻，很快拿下樊城，宋将范天顺战死，牛富率兵百余巷战，兵败后投火自尽，这是一场极艰苦的战役。樊城一破，襄阳守将形单影只，难以再守，于是守将吕文焕只好投降了元朝。历时六年的襄樊战役胜利结束，这是宋元之间的一场决定

第八章 沧海横流
——顺天张氏

性战役,宋朝门户洞开,灭亡已成定局。

班师后,张弘范以襄樊之功,受到忽必烈"赐锦衣、白金、宝鞍"的奖励。元军稍事休整,公元 1274 年,伯颜再次兴兵伐宋,分兵二路,一道进攻淮西和淮东,直指扬州;一道由大将阿里海牙和张弘范率领,以降将吕文焕为前锋,由襄阳顺汉水而下,经武矶堡,直扑临安(今杭州)。

至元十二年(1275 年)南宋丞相贾似道为了挽救颓势,不得不亲自出马,督师驻芜湖,又派遣宋京前往元军大本营与伯颜议和。希望像景定元年开庆密约一样,输岁币,称臣。被伯颜拒绝了。贾似道遂命殿前都指挥使孙虎臣率步兵七万驻池州,水军统帅夏贵以战舰二千五百艘横亘江中,自己率后军驻鲁港。

元军不给贾似道喘息之机,张弘范率步骑兵夹岸而进,又用战舰巨炮,轰击孙虎臣军。孙虎臣军溃,逃到鲁港,夏贵闻讯,也弃军仓皇奔逃,宋军江防完全崩溃,张弘范长驱直入,占领建康(今南京市)。入建康后有一个小插曲:丞相伯颜决定在建康休整一番。在诸将出席的劳军大会上,取出库存黄金分赐诸将。在诸将均已到齐之后,张弘范却姗姗来迟。伯颜沉下脸来面带愠色地说:"我们祖宗传下来的习惯法规定,凡是军事性的集会,迟到的有罪;虽然是近侍贵戚和以才能勇敢知名的人,都不允许宽赦,你难道连这规矩也不懂,竟敢迟到。"与会的人都为张弘范的过失,捏一把冷汗。张弘范却毫不惊慌失态,很从容地说:"我认为军事集会是指战场上的集会。在战争的场合上,我从来没有迟到过。今天的聚会是领受犒赏,在犒赏之前我不敢争先,在道理上有什么不可以的呢?"丞相伯颜被他所讲的道理折服了,冷若冰霜的面孔又变得和颜悦色,连连点头称是。他辞锋敏锐,片言释疑,语言之妙,举此一例可以想见。在这个小故事的后面,我们可以隐约地看到他和伯颜争论的实质是蒙古习惯法和中原儒学礼教的交锋,用中原的文化传统来影响蒙古贵族,正是张弘范父子们有意识或无意识的一项经常性工作。

孟珙临死前推举的贾似道

南宋末权臣。字师宪，台州天台（今属浙江）人。其姐贾贵妃为宋理宗所宠，南宋最后一个名将孟珙临死前推举贾似道出镇京湖制置使，作自己的继任者（相当于北部方向的东部军区总司令）。蒙古大举攻宋，开庆元年（公元1259年），鄂州（今湖北武昌）危急，贾似道即军中拜右丞相，奉命赴援。他擅自遣使诣忽必烈军前请和，许割江为界，岁奉银绢各20万。因蒙哥死于钓鱼城下，忽必烈急于北返争夺汗位，才达成和议。蒙古军退之后，贾似道则隐瞒求和真相，以大捷闻。遂以右丞相兼枢密使召入朝，从此专制朝政近17年。景定四年（公元1263年），为筹措军饷，将浙西官户民户逾限田产，抽1/3回买以充公田，且低压田价，对土地肆行兼并和掠夺，虽小户人家亦所不免。宋度宗赵禥即位，以贾似道有定策功，称之曰师臣，加太师，特授平章军国重事。贾似道不顾国家安危，穷奢极欲。时蒙古攻围襄樊甚急，皆秘不以闻；有言边事者，辄加贬斥。鄂州失守后，国势危甚，贾似道迫于舆论，于德佑元年（公元1275年）抽诸道精兵13万出师应战，二月间在丁家洲（今安徽铜陵东北江中）与元军遭遇，大败，逃奔扬州。群臣请诛贾似道，乃贬为高州团练副使，循州安置，八月，为监押使臣会稽县尉郑虎臣所杀。

元军攻占建康后，南宋的京城临安，危在旦夕，宋廷不得不发出勤王的号召。但宋朝军民响应勤王号召的只有张世杰和文天祥等少数人。五月间忽必烈派人告谕丞相伯颜："夏天就要到了，元军不适应南方盛暑的气候，可以驻兵休整，不可轻敌贪进，以免造成失误。"而张弘范则从军事形势考虑，认为应当乘破竹之势，掌握战机，不可再稍缓。他和伯颜商讨后，伯颜同意他的意见，命令他用当时最快速的交通手段——蒙古驿站的快马，奔驰到忽必烈的驻地，面陈形势。忽必烈是个指挥战争的行家，当然懂得倏忽即逝的战机，稍纵即逝，于是收回成命，决定继续追击。张弘范返回防地后，激战就开始了。

第八章 沧海横流
——顺天张氏

这年秋七月张弘范与张世杰、孙虎臣等所率水军的焦山之战,是场决定性的战役。当时统帅阿术集合行省诸翼万户兵船于瓜州,阿塔海、董文炳集合行枢密院万户兵船于西津渡,南宋沿江制置使赵清、枢密都承旨张世杰、知泰州孙虎臣等陈列舟师于焦山南北。阿术派遣张弘范等以兵船千艘西掠珠金沙。阿术、阿塔海登南岸石公山,指挥水军万户刘琛循江南岸,绕出南宋防军之后,董文炳则直抵焦山南麓,和元军刘国杰左右呼应,万户忽剌出击中路,张弘范自上流来会师于焦山之北。

这场会战,南宋全线溃败于焦山。张弘范率军直追至圌山(今江苏镇江市东北)之东。这是临安陷落之前元军伐宋的最后一次大战役。由于这次战役的功劳,忽必烈赐他以拔都的荣誉称号。(拔都蒙语意为勇士)并改授他毫州万户。

这时,宋扬州都统姜才率精兵二万前来迎战,姜才的军队号称勇悍善战,又阻水为阵,元军望之有惧色。张弘范请都元帅阿术监阵,自率十三精骑渡水冲阵,因姜才阵坚不动,张弘范假意撤退,宋军纷纷追赶,其中一名骑兵跃马挥刀,逐渐逼进,张弘范突然掉转马头,挥刀奋击,敌骑兵应手而毙,余骑大惊失色,元军乘势猛攻,大败宋军,斩首万余级。

鉴于继续抵抗徒劳无益,公元1276年正月,宋廷派遣宗室赵尹甫、赵吉甫携传国玉玺及降表赴元军大营乞和,降表中以伯、侄相称,伯颜派张弘范、孟祺、程鹏飞等人,先入临安城,责以背约失信之罪,张弘范说服宋廷,取得宋王改称臣仆,屈辱请降的表文。三月,伯颜入临安,宋幼主赵㬎(恭帝)及全太后等均被押送至大都。

当时,南方各地的反元力量十分强大,皇帝、皇太后虽然投降了,但人民并不都甘心作元朝的臣民,浙东一带发生了"叛乱"。按蒙古人的惯例,降而复叛,又杀了使臣,又焚烧了招降书,是要屠城的。张弘范的良心不允许他执行蒙古人屠城的习惯法,只杀了几个为首的人,就了结了此案,总算保全了一城人的性命。

崖山勒石

至元十四年（1277年）元军凯旋，张弘范也加官进爵，被授予镇国上将军的军阶，任命为江东道宣慰使。这时张弘范四十一岁，已经是武职官员中从二品大员了。

第二年四月，文天祥、张世杰等拥立的小皇帝赵昰，被迫逃到广州，病死于硐州岛上（今广东雷州湾上一岛）。为了坚持斗争，他们又拥立广王赵昺于广东新会海中厓山。改元祥兴。闽、广一带不愿投降的南宋臣民们，对这个政权总还寄于希望。元政府当然不能容忍有一个打着南宋旗号的政权继续存在，于是决定要把这个流亡政府扼杀在摇篮里，这个任务又落在张弘范肩上。忽必烈调拨了二批蒙古军归他指挥，并且授予他以"蒙古汉军都元帅"的头衔。这在当时是超越常规的措施，使张弘范不得不提出"汉人历来没有统率蒙古军的先例，请求皇上还是派亲信的蒙古人来担任元帅。"

忽必烈带着回忆的神情对他说："你可知道你父亲和老将军察罕的故事吗？在太宗时期攻打安丰的那次战役中，攻下安丰后你父亲主张留兵驻守，而察罕习惯于蒙古的战术，反对留驻。军队全部南下后，不久安丰又被宋占领了，几乎断了退路。事后你父亲为此十分悔恨，这是由于当时委任不专的缘故。怎么可以让你再重复当年的复辙呢？今天交付你办这件大事，你如果能像你父亲一样用心，我就放心了。"忽必烈在总结历史的经验教训中，认清了在汉地作战也得用汉人的战略战术来应付，草原上的那一套办法有些时候会不灵验的。这些推心置腹的话，使张弘范很感动。

忽必烈并且当场要赐给他锦衣、玉带等贵重的赏物。张弘范辞谢了锦衣玉带等赏赐，而请求赐与战斗时合用的剑、甲。忽必烈对他这种战士的心情很赞赏。立即命令左右，把武库中最好的剑与甲陈列在大殿上，任张弘范自由选择。剑、甲选好后，忽必烈庄重地告诉他："这把剑就是你的副手，不听命令的，你可以用这把剑处死他。"张弘范意识到手中握着的是一柄真正的"尚方宝剑"。临行前，张弘范又荐举有谋有勇的西夏王后裔李恒做自己的副帅。这个要求忽必烈也答应了。他这支由蒙汉混合组成的南征军，水陆共二万人，分道南下。他弟弟张弘正被任命为先锋。他告诫张弘正说："我是由于你的勇敢而选拔你当先锋，并非因为你是我弟弟而决定这项任命。军法是严肃无情的，我不敢以私情妨害公法，你处处要谨慎啊。"张弘正确也不负所托，军锋所向，沿海的漳、潮、惠、潭、广、琼诸州，相继告捷。张弘正军与宋丞相文天祥所部在潮州五坡岭（今广东海丰）相遇。宋军寡不敌众，文天祥被俘。元军士兵们捆绑着文天祥至张弘范军营，用枪、矛等武器百般威胁叫他拜见张弘范。文天祥不为所动，拒不下拜。张弘范被他的正气所感动，让左右给文天祥松了绑，以客礼相见。

公元1279年，张弘范率领水军，大举进攻盘踞崖山的张世杰，开始灭宋的最后一战，这时文天祥以战俘的身份也被软禁在元军船上，张弘范要他写信给张世杰，劝其归降，文天祥感触万端，想到当年在赣州起兵时，曾路经赣水上怵目惊心的惶恐滩，眼前又面对汪洋一片的零丁洋，自己宁死不屈，以身殉国的决心已经拿定了，于是作了一首诗道：

辛苦遭逢起一经，干戈寥落四周星。山河破碎风飘絮，身世浮沉雨打萍，惶恐滩头说惶恐，零丁洋里叹零丁。人生自古谁无死，留取丹心照汗青。

随后把这首诗交给张弘范算是答复。张弘范读罢，除对他的遭遇同情外，也深敬文天祥的为人，因此一笑置之，未再强迫他写劝降书。这一段时间，张弘范与文天祥相谈多次，当部下劝告他："敌国的丞相，居心叵测，不可亲近。"时，张弘范笑着说："他是个忠义至性的男儿，决不会有其它。"

一月,元军主力到达崖山,张弘范派张世杰的外甥韩某,三次前往劝降,都遭到严词拒绝。当时,张世杰尚拥有战舰一千艘,他把舰只联结成一字阵,"建楼橹其上,隐然坚壁也"。张弘范封锁海口,切断了宋军淡水的来源,宋军饥渴,纷纷取海水饮,纷纷呕吐,士卒疲惫不堪。

张弘范做了四面包围的严密部署,一直等到副帅李恒从广州赶来会师后,才发动了总攻。他目的在消灭宋军的有生力量,要一举歼灭,不使其再散逸。海水涨潮后,李恒率领的元军抢先投入战斗,乘潮攻宋军,不克,李恒等人顺潮而退。这时张弘范军中乐声大作,这是总攻的信号,宋军却以为张弘范"且宴",松懈下来。趁此时机,张弘范率舟师横冲其前,元军各部随后跟进。双方接舷后,元军"弓弩火石交作",顷刻击沉宋军七艘战舰,激烈的战斗中,宋朝水师大溃。

眼看国破家亡,宋左丞相陆秀夫"驱妻、子入海",自己抱着年仅七岁的宋帝赵昺投海死。张世杰冲出重围,准备招集旧部;找寻赵宗室后裔再图恢复。元军李恒的舰队追至大洋,没有追赶上。不幸遇大风浪,张世杰全船的人都淹死在平章山下,南宋王朝至此彻底宣告灭亡。史载,张弘范战胜后,在崖山之阳,勒石纪功,此事被后人附会出"宋张弘范灭宋于此"的笑话,其实张弘范既非金臣,也非宋臣,何出此语?

据传,南宋灭亡后,张弘范磨崖大书"镇国大将军张弘范灭宋于此"十二字于崖山奇石上。明代广东提学赵瑶,观奇石刻字怒不可遏,作诗曰:

忍夺中华与外夷,

乾坤回首重堪悲。

镌功奇石张弘范,

不是胡儿是汉儿。

第八章 沧海横流
——顺天张氏

1486年（明成化22年），御史徐瑁对奇石上十二字深恶痛绝，命人除去，欲改书"宋丞相陆秀夫死于此"九字。而陈白沙认为宋亡时死者十数万，不独陆秀夫，宜书"宋丞相陆秀夫负帝沉此石下"。因争辩不下，终未刻成。有传说，陈白沙到崖门凭吊时，在碑首加上一个"宋"字，成为"宋镇国大将军张弘范灭宋于此"。（此传不实，白沙先生知张弘范虽属汉人，但从未作宋将。）解放初，原凿字奇石被航道部门炸毁。1964年秋，新会县人委请田汉同志书写"宋少帝与丞相陆秀夫殉国于此"十三个行草大字，刻在近岸的奇石上。终于把这饶有纪念意义的碑石树起。

崖山战役结束后，元军置酒大会，在这场大事件中的一个小插曲，是张弘范在厘山海战的败军之中救出了一位准备跳海自杀的邓光荐。邓是亡宋礼部侍郎，原名邓剡（1232－1303年），光荐是字，号中斋，庐陵人，宋景定三年进士。张弘范劝邓打消了自杀的念头，并且礼聘邓为他儿子张珪的家庭教师。张珪后来立朝有声，成为一代名相，据说就是这位老师教诲的结果。这件事和他父亲张柔当年从刽子手的刀下救出王鹗的故事有相似处。从中可窥见元代武将的政治家风度与战略水平。

谁人评说

十月张弘范班师还朝，朝廷上安排了不少庆功活动。忽必烈在内殿宴请这位百战归来的将领，为他洗尘，慰劳他的凯旋，是这一系列庆祝活动的顶峰。但乐极生悲，死亡女神已经在向他招手了。由于他不适应南方的气候和水土等环境，再加上又得了疟疾，返回大都后不久就病倒了。忽必烈十分关心这位由前线归来的勇士，特命御医前往护视，并规定每天要把张弘范的病情作专门的汇报，并让近侍传出口谕给御医说："我有军国大事，等着同九拔都商量决定。你们一定要尽心治疗，使他迅速恢复健康。"又命令卫士坐在张弘范的门口,对来探视的人们说:"九拔都病得很重,除非至亲和医护人员外,皇帝有诏令,停止一切对病人不必要的干扰。"尽管用了最贵重的药物,安排了最高级的护理,仍没有挽救了这位九拔都的生命。至元十七年(公元1280年)过了新年后,他的病转重了。他自己也意识到病不会好了,要求从病房回到自己的旧居室,把亲戚宾客们召集来,和他们一一告别。最后,他叫人把南征时忽必烈赐给他的尚方宝剑与铠甲取出来,握着儿子张珪的手,珍重地交付给他。并且说:"我当年用这剑与甲为国家的统一立过功劳,你佩带宝剑、穿戴盔甲时,不要忘记了爸爸。"他摩挲着剑与甲,在那些金戈铁马,峥嵘岁月的回忆中晕眩过去,那些回忆中当然也少不了江南儿女的血腥。海波和血浪的影子使他的视线模糊了,他最终闭上了眼睛。他是一个军人,但却是一个有些诗人气质的军人。他在南征中写过一首《述怀》诗,诗中说:

磨剑剑石石鼎裂,饮马长江江水竭。我军百万战袍红,尽是江南儿女血。

他逝世的这一天,正是至元十七年(公元1280年)正月初十。窗外朔风凛冽,从北方沙漠吹来的大风,挟带着沙砾尘土,铺天盖地地吹来,又狂啸着卷走了一切;这正是他老师郝经所歌颂过的北风;《四库全书总目》评价他诗的风格,说近似南宋江湖诗派,其实,他的作品有些更像他老师郝经的格调,是金元诗宗元好问的嫡系门徒。

他这短促的一生,仅有四十三岁。死后元朝追赠他银青荣禄大夫,平章政事,谥武烈。三十二年之后,即元武宗至大四年(公元1311年),元朝又给他加赠"推忠效节翊运功臣、太师、开府仪同三司、上柱国、齐国公。"改谥忠武。八年之后(元仁宗延佑六年,1319年),元朝政府再一次加赐他"保大功臣"。加封淮阳王,改谥献武。他的遗诗题名《淮阳集》者,正取意于此。这些身后哀荣只反映元代官方对他的评价一直在上升。

◎ 侧身天地成孤注——张世杰

高宗御座

张世杰是范阳（今河北涿县）人，生年不详，张弘范的族兄。张世杰小时候曾是张柔的部下，跟随张柔在杞县镇戍，因为犯了法，就逃跑到南宋。曾在淮军中当兵，并不被人所知。一个行伍出身的战士和有土地有财产的地方豪强来相比，在政治上当然会有不同的选择。张世杰和张弘范父子生活道路和见解的差异，和出身应有一定的关系。张世杰生活的时代，正是南宋王朝风雨飘摇、濒临灭亡的时代。最后崖山海面上，宋元两国间的最后一战，变成了张世杰、张弘范这对同门师兄弟的较量。

公元 1275 年，元军大举南侵，沿长江顺流而下，如风卷残云，势如破竹，很快逼进了临安（今杭州）。这时，临安守卫空虚，辅佐 5 岁小皇帝赵显执政的谢太后下诏，要求各地起兵"勤王"。然而各地官员大都在忙着准备投降元朝，对诏书不予理睬。立即起兵勤王的只有郢州守将张世杰和赣州知州文天祥两人。

张世杰率兵入卫临安。抵达镇江前线，张世杰在这里结集战船万余艘与元军对阵。张世杰命令以 10 船为一方，非有号令，不得起锚。元将阿木、张弘范以大船发动火攻。宋军猝不及防，船不能前进后退，士兵与敌人展开了殊死搏斗，但终因寡不敌众，许多士兵溺水而死。张世杰失利，引兵暂退。十月，元兵进迫临安，此时，张世杰与文天祥商议，各路勤王兵马此时尚有数万之众,如果与敌人决一死战,万一得胜,淮东出兵截杀元军后路,国事或许会有新的转机。但左相留梦炎和右相陈宜中都不予采纳,因为他们另有打算:投降。十一月底,元军攻破独松关后,留梦炎弃官逃跑,陈宜中得到谢太后允准,派人到元军求降,但是元宰相伯颜不准。1276 年初,元军攻破潭州后,又有十几个州县相继降元,谢后多次派人与元朝议降而遭拒绝,南宋形势更加危急。张世杰请求帝后入海躲避,由他领兵背城一战,陈宜中不允。不久,陈宜中暗中做了手脚,向元军送去宋朝的传国玉玺和以皇帝赵显名义写的降表。伯颜看了降表,要陈宜中亲自到元军商议投降的事,陈宜中害怕被杀,趁黑夜逃到温州。张世杰见南宋决意投降,临安难保,遂领兵南下,准备继续抗元。

南宋王室正式投降元朝,延续了 300 余年的宋朝宣告灭亡。在元军进入临安以前,谢太后封赵昰为益王,判福州、福建安抚大使,赵昺为广王、判泉州兼判南外宗正,命人保护二王逃出了临安。赵昰一行躲过元军的层层围堵,到达温州。陆秀夫派人招来了躲藏于此的陈宜中,张世杰也率兵从定海前来会合。温州有座江心寺,南宋初年高宗南逃的时候曾到过这里,其御座此时还保存完好,众人于座下大哭,拥戴益王赵昰为天下兵马都元帅,广王赵昺为副元帅。此后二王就成为宋室遗民心目中仅存的希望。

都元帅府成立后,众人决定前往远离元军威胁的福建。五月一日,赵昰在福州即位,是为端宗,改元景炎。册封杨淑妃为太后,垂帘听政,进封赵昺为卫王。已经两次逃跑的陈宜中被任命为左丞相兼枢密使,都督诸路军马,陈文龙、刘黼为参知政事,张世杰为枢密副使,陆秀夫为签书枢密院事,苏刘义主管殿前司。流亡小朝廷在福州建立起来,并粗具规模。

流亡政权刚建立,外临强敌,内部却开始争权夺利,官员之间相互

第八章 沧海横流
——顺天张氏

倾轧，分化了本已非常孱弱的力量。时杨淑妃的弟弟杨亮节居中掌权，秀王赵与檡（zhái）以赵氏宗亲的身份对杨亮节的所作所为多所谏止，遭到杨亮节的忌恨。杨亮节遂把赵与檡派往浙东。朝臣有人言秀王忠孝两全，应该留下来辅佐朝廷，杨亮节听后更为忧虑，担心自己地位难保，驱逐赵与檡的心意更加坚决。赵与檡后来在处州与元军交战，被俘不屈而死。宰相陈宜中此时又使出自己擅长的党同伐异手段，排斥异已，指使言官将陆秀夫弹劾出朝廷。在小朝廷立足未稳的时刻，陈宜中的这种行为引起众人的普遍不满，张世杰责备陈宜中说："现在是什么时候？还在动不动就以台谏论人！"陈宜中害怕手中握兵的张世杰，无奈之下，将陆秀夫召回。

陆秀夫

南宋抗元名臣。字君实，楚州盐城长建里（今属江苏建湖）人。宝佑进士。初为李庭芝幕僚，后官礼部侍郎等职。临安失守后至福州，与张世杰等立赵昰为帝。昰死，又拥赵昺，奉帝居厓山（今广东新会南），任左相，继续组织抗元。祥兴二年（公元1279年）为元军所败，负帝投海而亡。著有《陆忠烈公遗集》。

南宋虽然已经投降元朝，但还有许多地区依然掌握在宋室遗民的手中。福建、两广大片地区仍处在流亡小朝廷的控制之下，李庭芝坚守的淮东、淮西地区也进行着拉锯战。但在元军的进攻下，淮东、淮西等地相继失陷，李庭芝战死。景炎元年（1276）十一月，元军逼近福州，此时小朝廷还有正规军17万，民兵30万，淮兵万人，拥有的兵力远比元军要多，完全可以与之一较高下，但由于朝政由陈宜中、张世杰二人主持，陈宜中一直就是一个胆小鬼，张世杰也"惟务远遁"，因此小朝廷在福州立足未稳，就又开始了逃亡。

十一月十五日，元军进逼，又破建宁府、邵武军，陈宜中、张世杰等人不得不奉幼帝及卫王与杨太妃登舟逃跑。当时，宋方有军人十七万，民兵三十万,还有从两淮战场撤退下来的残兵一万多,共近五十万人马,乘战船从海上撤退。半路,宋船与元军水师相遇,由于当时大雾,又值傍晚,元军竟然没有发现浩浩荡荡撤退的宋军海船。南宋这只残军,终于暂时逃过一次大劫。离开福州之后,小朝廷失去了最后一个根据地,此后只能四处流亡。

海上行朝

端宗一行建立海上行朝,辗转泉州、潮州、惠州等地。景炎三年(1278)春,来到雷州附近。逃亡途中,宰相陈宜中借口联络占城,一去不返,第三次充当了可耻的逃兵。端宗由于在逃亡途中受到飓风惊吓,惊恐成疾,四月十五日死,年仅11岁。端宗死后,群龙无首,眼看小朝廷就要分崩离析,陆秀夫慷慨激昂,振作士气:"诸君为何散去?度宗一子还在,他怎么办呢?古人有靠一城一旅复兴的,何况如今还有上万将士,只要老天不绝赵氏,难道不能靠此再造一个国家么?"众臣便又拥立年方7岁的赵昺为帝,由杨太后垂帘听政,改元祥兴。

元军步步为营,小朝廷已陷入三面包围之下。在元军的猛攻之下,雷州失守,小朝廷形势危急。张世杰数次派军想夺回雷州,但都没有成功,于是将流亡政权迁至崖山。崖山位于今广东省新会市南,与西面的汤瓶山对峙如门,称为崖门,宽仅里许,形成天然港口,内可藏舟。"每大风南起,水从海外排闼而入,怒涛奔突,浪涌如山",而"崖山东西对峙,其北水浅",实际上是舟师屯结的险地。张世杰人虽然忠勇,但确实没有什么军事才略,"以为天险可守,既可乘潮而战,又可顺潮而出",崖山的这种地理特点,后来被元军利用,导致宋军大败。

小朝廷到达崖山时,尚有正规军和民兵20万人,而进攻的元军只有数万,仅就兵力而言,双方相差悬殊,且元军不善水战,宋军无疑在这

第八章 沧海横流
——顺天张氏

方面占有优势。但张世杰已经对前途不抱希望,放弃了对崖门入海口的控制,把千余艘战船背山面海,用大索连接,四面围起楼栅,结成水寨方阵,此前宋军被阿术纵火烧船而得惨败,张世杰汲取教训,命人在战舰外皆涂满厚厚一层湿泥,又"缚长木以拒火"。赵昺的御船居于阵中,打算在此死守。

张世杰此举有两大失误,一是放弃了对入海口的控制权,等于把战争的主动权拱手交给了对方;二是把千余战船贯以大索,结成水寨,虽然集中了力量,但却丧失了机动性,相当于把宋军暴露在敌人面前,任人攻打。元将张弘范率水军赶到,控制了崖山之南的入海口,又从北面和南面两个侧翼切断了宋军的所有退路。宋军陷入孤立无援的境地,在10多天的防御战中,将士们只能以干粮充饥,饮海水解渴,饮过海水的士兵呕吐不止,战斗力严重削弱。

一个暴风雨的早晨,元军对宋军发起总攻。元将李恒指挥水军利用早晨退潮、海水南流的时机,渡过平时战舰难以渡过的浅水,从北面对宋军发动了一场突袭,到中午,北面的宋军已被元军击溃。南面的元军又在张弘范的指挥下,利用中午涨潮、海水北流的时机,向宋军发动了另一次进攻。宋军南北受敌,士兵又身心疲惫,无力战斗,全线溃败。战斗从黎明进行到黄昏,宋军多艘战舰被毁。张世杰见水师阵脚大乱,战船为大索联贯,进退不得,下令砍断绳索,率10余战舰护卫杨太后突围。

张世杰率帅船杀到外围,见赵昺的御船过于庞大,被外围的船只阻隔在中间,无法突围,便派小舟前去接应。当时天色已晚,海面上风雨大作,对面不辨人影,陆秀夫惟恐小船为元军假冒,断然拒绝来人将赵昺接走。张世杰无奈,只得率战舰护卫着杨太后杀出崖门。宋军败局已定,陆秀夫知道已没有逃脱的可能,便把自己的妻子儿子赶下大海,然后对赵昺说:"事已至此,陛下当为国捐躯。德佑皇帝受辱已甚,陛下不可再辱！"赵昺身穿龙袍，胸挂玉玺，随陆秀夫跳海自尽。官员、妇女、将士们也纷纷随之跳海。

这是一场少见的残酷战役。结束时，海面上到处漂浮着尸体。文天祥此时正在崖山元营，亲眼目睹了这一惨状，他在诗中写道："羯来南海上，人死乱如麻。腥浪拍心碎，飙（biāo）风吹鬓华。"据记载，宋朝在这场战役中损失了10万人！

陆秀夫负帝投海数天之后，陆秀夫尸体浮出海面，被乡人收葬。元军在清理战场的时候，发现一具身穿黄衣的幼童尸体，身上带有金玺，上书"诏书之宝"四字，送交张弘范，经确认是赵昺所带玉玺。张弘范再派人寻找赵昺尸体时，已下落不明。

张世杰带着杨太后冲出重围。听到帝昺的死讯后，杨太后痛哭，投水自尽。张世杰收拾残部，逃亡海上。突遭暴风雨，张世杰仰天大呼："我为赵氏已经尽心尽力了，一君亡，又立一君，如今又已亡矣。如今遭逢大风，不知天意如何？若老天不要我存复赵氏，就让大风吹翻我的船吧！"话语刚落，狂风大作，船便沉于海中。数天内海上浮尸几万具，相传张世杰遗体漂流到黄杨山畔为当地人收殓，至今张世杰墓仍保存完好。

张世杰和文天祥相比，一个因在前线出生入死而成为了抗蒙名将，另一个因写诗和自杀而变成了民族英雄，二人都是南宋末年的名臣，都企图依靠牺牲自己来挽救将倾的大厦，从本质来说他们是一样的。然而到了后世，二者的"待遇"却存在很大的差距。如今，文天祥早已成为了家喻户晓的人物，后人对其生平和事迹虽不能尽述其详，但只要提及他的名字，多数人心中都会出现"英雄"二字，而他的《正气歌》和《过零丁洋》也被作为"爱国主义名篇"被后世所传颂；可提到张世杰时，没有多少人知道他是谁，以及他做过什么。从一般的史料记载来看，文天祥在抗击蒙古南下的过程中，值得称赞的多为精神方面的东西，而他的实际战绩是比较

第八章　沧海横流
　　　——顺天张氏

糟糕的。相比之下，张世杰作为名将，在抗击蒙古入侵的过程中曾取得了较高的成就，他率军入卫，夺回广德（今属安徽）、溧阳（今属江苏）、平江（今江苏苏州）等城。甚至到最后，文天祥已经沦为蒙古军队的阶下囚时，张世杰仍然率领着大宋水师为保护赵家最后的血脉而顽强地战斗着。而论就义殉国，张世杰比文天祥还要早些。

张氏的历史名人

张氏的郡望在清河郡，今河北清河县以东。张氏族大支繁，历史上的张姓名人不胜枚举，在这里略举一二：

战国时魏国政治家张仪，以游说六国连横事秦而闻名于世。西汉大臣张良，是辅佐刘邦夺得天下不可或缺的重要人物，以善出奇谋良计而颇受刘邦重用，汉朝建立后，被封为留侯。张骞，曾两次出使西域，加强了中原与周边少数民族的联系，促进了中原文化与中亚各地文化的交流和发展。西汉还有历算家张苍、诸侯王张耳等张姓名人。东汉的张衡，是一名著名的科学家和文学家，他精通天文历算，创世界上最早利用水力转动的浑天仪（也叫浑象仪）和用于测定地震的地动仪，在文学方面，则有《二京赋》等作品传世。张仲景，东汉著名医学家，他总结了前代的医疗经验，对我国医学发展有重大的贡献，着有《伤寒杂病论》一书，被后人誉为"医圣"。书法家张芝，其书法被称为"今草"。汉以后，张姓名人还出现了如黄巾起义领袖张角，三国时名将张飞、张辽，晋朝文学家张载、张协，北魏教育家张伟，南朝画家张僧繇等。到了唐代，张氏更是英才辈出。张九龄，即是玄宗时的宰相，同时又是著名诗人。文学家张鷟，书法家张旭，画家张萱，诗人张若虚、张继、张籍、张祜、张志和等也为张姓赢得了赞誉。除此之外，北宋词人张先，诗人张耒，名画《清明上河图》的作者张择端，南宋将领张世杰、张宪，词人张孝祥、张炎，书法家张即之，大学者张栻，明朝著名政治家张居正，清朝诗人张维屏等都是张氏中颗颗璀璨的明星。

　　历史上的张姓名人不绝于史，张姓家族对我国历史、文化、经济等方面的发展都起到了很大的推动作用，是一个古老的名望姓氏。今天，张姓在当代百家姓中位列第三。

宋代帝王世系表（北宋）

1. 太祖赵匡胤　建隆元年（960）——开宝九年（976）
2. 太宗赵炅太平兴国元年（976）——至道三年（997）
3. 真宗赵恒咸平元年（998）——乾兴元年（1022）
4. 仁宗赵祯天圣元年（1023）——嘉祐八年（1063）
5. 英宗赵曙治平元年（1064）——四年（1067）
6. 神宗赵顼熙宁元年（1068）——元丰八年（1085）
7. 哲宗赵煦元祐元年（1086）——元符三年（1100）
8. 徽宗赵佶建中靖国元年（1101）——宣和七年（1125）
9. 钦宗赵桓靖康元年（1126）——二年（1127）

宋代帝王世系表（南宋）

1. 高宗赵构建炎元年（1127）——绍兴三十二年（1162）
2. 孝宗赵昚隆兴元年（1163）——淳熙十六年（1189）
3. 光宗赵惇绍熙元年（1190）——五年（1194）
4. 宁宗赵扩庆元元年（1195）——嘉定十七年（1224）
5. 理宗赵昀宝庆元年（1225）——景定五年（1264）
6. 度宗赵禥咸淳元年（1265）——十年（1274）
7. 恭帝赵德祐元年（1275）——二年（1276）

8. 端宗赵昰景炎元年（1276 – 1278）

9. 末帝赵昺祥兴元年（1276）——二年（1279）

辽帝系年表

1. 辽太祖 耶律阿保机（916 – 926）

2. 辽太宗 耶律德光（927 – 947）

3. 辽世宗 耶律阮（947 – 951）

4. 辽穆宗 耶律璟（951 – 969）

5. 辽景宗 耶律贤（969 – 983）后 萧绰（953 – 1009）

6. 辽圣宗 耶律隆绪（983 – 1037）

7. 辽兴宗 耶律宗真（1031 – 1055）

8. 辽道宗 耶律弘基（1055 – 1101）

9. 辽天祚帝 耶律延禧（1101 – 1125）

西夏帝系年表

1. 夏景宗 李元昊（1032 – 1048）

2. 夏毅宗 谅祚（1048 – 1067）

3. 夏惠宗 秉常（1067 – 1086）

4. 夏崇宗 干顺（1086 – 1139）

5. 夏仁宗 仁孝（1139 – 1193）

6. 夏桓宗 李纯佑（1193 – 1206）

7. 夏襄宗 李安全（1206 – 1211）

8. 夏神宗 李遵顼（1211 – 1223）

9. 夏献宗 德旺（1223 – 1226）

10. 夏末帝 李晛（1226 – 1227）

金帝系年表

1. 金太祖 完颜阿古打（1115 – 1123）

2. 金太宗 完颜吴乞买（1123 – 1135）

3. 金熙宗 完颜亶（1135 – 1149）

4. 海陵王 完颜亮（1149 – 1161）

5. 金世宗 完颜雍（1161 – 1189）

6. 金章宗 完颜璟（1189 – 1208）

7. 金卫绍王 完颜允济（1208 – 1213）

8. 金宣宗 完颜珣（1213 – 1223）

9. 金哀宗 完颜守绪（1223 – 1234）

10. 金末帝 完颜承麟（1234）